后浪

跳出自我的盒子

李启蕴 译

美国亚宾泽协会
The Arbinger Institute

著

How to Change Lives
and Transform Organizations

用外向思维
打造恰到好处的
人际关系

The OUTWARD MINDSET

民主与建设出版社
·北京·

你的人生舞台将会多么巨大！只要你能把自我缩小。

——G. K.切斯特顿

前　言

人们通常认为：行为层面的问题，就要在行为层面解决。诸多针对组织、家庭和个人的改进计划基于这种认识应运而生。

这种说法似乎不言自明、无可置疑，就像说"摄入脂肪使人发胖"一样。然而，现在我们已经知道，脂肪并不以我们长期以来认为的方式让人变胖。"摄入脂肪使人发胖"这种传统认知不仅是错误的，甚至是有害的：过去几十年，基于这种认知而推广的低脂饮食方式反而让肥胖现象更普遍了。

同样的错误也发生在改变行为的传统认知上：很多改变行为的努力都遵循了错误的方法。正如减少体内脂肪不是靠减少脂肪摄入而是要靠减少碳水化合物摄入（当然，还要多运动）一样，改变行为的最佳方式不是直接去改变行为本身，而是努力去改变别的什么东西。

这个"别的什么东西"，就是思维模式（Mindset）。

我们所说的"思维模式"并不是指某种关于自己的核心信念——比如相信自己的能力基本上固定不变，或是能够不断成长——而是指我们理解和看待自己与他人的关系和责任的方式。思维模式可以是以自我为中心的，我们称之为内向思维模式；也可以是将其他人考虑在内的，我们称之为外向思维模式。选择不同的思维模式，我们对自己行为和他人反应的看法将会极为不同。《跳出自我的盒子》一书就是要探索这些差异，并向人们展示——只要愿意，个人、团队、家庭和组织就都可以成功地转变思维模式。

你可以单独阅读本书，也可以结合我们已经出版的《别找替罪羊》和《化解我们内心的冲突》一起阅读，这两本书探索了个人层面的思维模式转变。《跳出自我的盒子》则体现了我们在改变思维模式领域中最新的研究成果，它专门展示了如何在个人、团队、家庭和组织中启动并传播思维模式的转变。

《别找替罪羊》和《化解我们内心的冲突》都以虚构的故事呈现，而本书则是由一些真实的故事构成——许多来自我们的客户。每一章都有一个或几个这样的故事。对于一些不适合公开的信息，我们对人物和组织使用化名并故意改变了某些细节来隐藏他们的真实身份。我们希望，本书通过展示那些经历过思维模式转变的人的真实经历，能帮助读者把本书提出的方法立刻用于实践。

前亚特兰大勇士棒球队的明星球员戴尔·墨菲（Dale Murphy）认为本书"让无形的变得有形"。他认为某些球员具备的一系列难以描述的特质和能力，使得他们可以左右球队的胜负。只要这些重要的特质依然是无形而不可捉摸的，人们就只能靠运气或机会来掌握它们。然而，如果这些特质可以被描述，那么个人、团队、家庭和组织就都可以通过正确的战略和自律的努力来获得这些"无形"的特质。

　　我们希望这本书能向您彻底讲清楚转变思维模式的好处和方法，并能帮助您把外向思维的好处带到您的工作、您的家庭以及您在世界上探索的每一个角落中。

目　录

第一部分

改变了一切的选择

第一章

一条不同的道路

　　两辆黑色的货运面包车在密苏里州堪萨斯市的沃巴什大道（Wabash Avenue）上蜿蜒前行。车上坐着的是堪萨斯市警察局特警队（简称"SWAT"）的成员们，他们正在执行今天第五项搜查任务的路上。这是一项很危险的毒品搜查任务。由于搜查目标十分危险，这支小队已经获得了破门搜查令，这样他们就不需要事先警告，可以破门而入。他们从头到脚都是清一色的黑色，脸上戴着面具，只露出两只眼睛。再加上防弹头盔和防弹背心，他们令人生畏。

　　开着前面那辆车的是查尔斯·"齐普"·胡特（Charles "Chip" Huth），他担任1910小队的队长已经8年了。齐普出生于1970年，他的父亲是个酗酒施虐狂，母亲则是情绪两极化的精神分裂症患者。齐普的母亲在很年轻的时候就嫁给了齐普的父亲——至少，她以为他们结了婚。多年以后，母亲和孩子们才发现，原来齐普的父亲早就结过婚，而且还一直维持着原来的婚姻和家庭。这也解释了他为何长期不在家。

但即使父亲在齐普身边，他们也总是在为躲避法律的制裁而逃亡，不得不在南方的各个州之间搬来搬去。当父亲不在的时候，齐普一家又常常无家可归，只能住在一辆汽车里，靠捡易拉罐和纸板箱为生。总之，无论父亲在家与否，齐普的幼年生活都仿佛在地狱一般。

有一次，父亲又回到他们身边，并保证从此洗心革面，但他对家人的虐待反而变本加厉。当年仅10岁的齐普奋力反抗时，母亲终于下定决心，叫来了一个丈夫害怕的人——当过特种兵的弟弟——带全家人逃出他的魔掌。"我来接姐姐和孩子们，"齐普的舅舅对他的父亲说，"你要是胆敢从沙发上起来，我保证，这会是你这辈子做的最后一件事。"

从此以后，齐普再也没有见过他父亲。

舅舅把他们带到了密苏里州的乡下。在那里，他们过着贫穷但正常得多的生活。尽管这意味着齐普需要在高中即将毕业的那一年，同时打3份工来补贴家用。不久之后，17岁的齐普入伍了。

齐普的父亲痛恨警察，而这恰是他的3个儿子都成为警察的最大原因。凡是父亲赞成的，他们就反对，甚至也包括喝酒。在11岁的时候，齐普就曾向母亲保证，这一生将滴酒不沾。时至今日，他依然严守着这一诺言。他亲眼看过酗酒的父亲怎样毁了家庭，他绝不想重蹈覆辙。

工作中的每一天，带领小队的每一次搜查，总让齐普认定，这是在帮助社会摆脱他父亲那种人，拯救女人和孩子们，因为她们会让齐普想起自己和家人过去的悲惨遭遇。

在今天的搜查行动中，齐普和队员要抓捕两个案底很厚的男人。齐普希望这一次能多关他们一阵子。

许多年里，齐普的小队一直是全堪萨斯市警察局的所有部门里被投诉最多的队伍之一。诚然，整体而言，特警小队通常比普通的巡警造成更多的破坏。即便如此，对齐普这支小队的投诉数量仍然令人咂舌。高昂的诉讼费让警察局花钱如流水。

除了对讲机偶尔发出的电子噪音，车厢里一片安静。特警队成员在心里默默地推演可能会碰到的不同情况，时刻保持头脑敏锐。在突袭之后，他们会有空来开些无伤大雅的玩笑——事实上，他们可是这方面的行家。但现在，他们必须提防骄傲自满。伤亡总是发生在警察们自认为一切已经尽在掌握的时候。齐普和队员们不希望任何人死：他们当然不希望自己人有事，而且无论多么憎恶两个嫌犯的所作所为，只要有可能，他们也不希望两个嫌犯死掉。

当目标房屋进入视野，货车减速了。"蓝色汽车对面的那座房子！"齐普大声说，向前方点点头。他把车停在离目标两栋房子远的地方。队员们尽量安静而迅速地鱼贯而出。此时是大白天，任何人只要往窗外看一看就能发现他们。任务成功的关键就在于尽可能保持隐蔽。

3个队员冲到房子的背面隐蔽起来，以防目标从后门逃跑。齐普等7人则冲向前门。6个人端着枪，第7个人则挥着久经沙场的冲击槌砸向大门，破门而入。"警察！"他们大声喊道，"所有人趴下！"不一会儿，多个眩晕手榴弹——队员们称为"闪爆"——在屋子靠近前门的地方爆炸开来，使在那里的人在几秒钟里分不清方向、暂时失明。

屋子里一片骚乱：男人们从房间里涌出来，试图冲向楼梯或过道；幼儿们像瘫痪了一样站着不动，拼命尖叫；一群妇女则惊恐地蜷缩在地上，怀中的婴儿正用最大的力气哭喊。空气中弥漫着烟雾。

两个后来被证实为嫌疑人的男人想去拿武器，但被警察们制服了。"别妄想！"队员们吼道，同时把这两人的手臂拽到背后，铐上手铐。

由于房间里有幼儿，场面比特警队执行的大多数行动更加复杂混乱。但在5分钟之内，那两名嫌疑人就已经被放倒在客厅的地板上，而其他人都聚拢在餐厅里。整个过程未放一枪，但警察们仍然持枪站立，以防万一。

在确保安全以后，队员们开始了搜查，每一步都目标清晰，动作精准。齐普注意到一名主力队员离开了房间，认为他只是开始搜查，并未在意。但过了好几分钟，这名队员仍然没有回来，齐普便前去找他。

齐普经过厨房的时候看见了他。这名"男人中的男人"，正站在厨房水槽边冲泡婴儿奶粉。

惊喜之下，齐普笑了起来。

要知道他为什么笑，还得从几年前说起。

2004年，齐普升任特警队的队长。当时，在警察局长眼里，特警队，尤其是作为调查工作得力干将的1910和1920小队，简直就是脱离控制的狼群。他任命齐普就是为了改变这一状况。

然而，局长不知道的是，当时的齐普更适合领导而不是改变这个团队。他比所有的队员都工作得更努力，为的是可以在必要的时候向他们发火，逼迫他们去做一些事。如果他感到威胁，就反过来威胁对方，以暴制暴。而他不稳定的情绪也让队员们无所适从。他用三步策略来管理队员：要求、命令、强迫。也就是说，他首先会要求别人去做某事；如果那人没做，那就命令他做；如果仍然没做，有必要的话，那就强迫他做。如果队员反对，他就以开除来威胁。他告诉队员们说："如果你不满意，那就走人。想进来的人多得是。"

他对待公众的方式就更加严厉。在他眼里，世界上真的有坏人（因为他就是在一个坏人的阴影下成长起来的），坏人需要被狠狠地打击，直到他们真诚地为犯下的罪行忏悔。他的队员们没有人反对这一点。他们以强硬手段逮捕每一个人。他们也不注意保护别人的财物和宠物。比如，他们常常把烟头吐在嫌疑人的家具上，或是打爆一只可能带来危险的狗的头。他们不在乎打扰公众和邻居。对他们来说，和他们打交道的是动物而不是人。多年以后，齐普领悟到，公众也是这样看待他和他的小队的——更像是动物而不是人。

在齐普成为特警队的队长几年后，另一位堪萨斯市警察杰克·科尔韦尔（Jack Colwell）帮助他看到了自己身上连自己都恐惧的一面——他变成了怎样一个人以及他的工作方式如何损害了行动效果，又是如何将队员置于险境。当杰克说起这些的时候，齐普回忆起不久前他和15岁的儿子之间的一些事情。儿子拒绝回应他的询问。"为什么不把你的烦恼告诉我？"齐普问。"你不会理解的。"他儿子回答道。"为什么？"齐普又问。也许正是儿子的回答让齐普能够听进去杰克要说的话——"因为你是个机器人，爸爸。"

这些事让齐普踏上了改变的征程。他的努力完全转变了小队的工作方式。他们以前每个月总会收到两三次投诉，大多数是关于滥用暴力。解决每个投诉平均要花掉警察局7万美元。然而，在过去的6年里，他们再没有接到一个投诉。现在，他们也极少向狗开枪。事实上，他们还雇了一位专业人士来帮助他们用其他方法控制有潜在危险的动物。他们不再向别人的财物上吐烟蒂。（"除非你能向我证明这能推动任务，"齐普告诉他的队员，"否则我们不可以再这么做。"）当然，他们也开始冲泡婴儿奶粉。

你不用担心他们会因此变得软弱，因为1910小队在3年中缴获的非法毒品和武器比过去10年还多。

是什么转变了他们的行为方式并且获得了更好成效？

外向思维。

第二章

帮助人们看见

马克·巴利弗（Mark Ballif）和保罗·哈伯德（Paul Hubbard）是普拉姆健康护理公司的联席CEO，他们正坐在一张9米长的铮亮的董事会会议室的桌子前，等待着一位来自一家纽约私募股权公司的资深合伙人。普拉姆公司的其他成员穿着整洁的定制西装，和他们一起等着，窗外是令人神往的曼哈顿景色。

如果你在街上遇见马克和保罗，根本不会想到他们掌管着世界上最成功的医疗保健集团之一。他们看起来就像普通人，但他们管理的这家公司却不普通。他们之所以能坐在这间可以俯瞰都市的会议室里，是因为有许多私募公司的人蜂拥而来，期望获得投资他们公司的机会。

找到潜在的财务投资人并不困难。普拉姆当时的所有者GI（GI partners）出具的报告显示，过去5年中，普拉姆营收的年复合增长率达到32%，息税折旧摊销前利润（EBITDA）的年复合增长率也达到了30%，成为加利福尼亚州最大的专业护理公司。这是公司成立以来的第二轮增资。马克和保罗知道选择正确的合作伙伴对保持外向心态的文化至关重要，因为正是这种文化推动了公司取得如此卓越的成果。

这位私募股权公司的资深合伙人终于走进了房间，会议开始了。他省去寒暄，开门见山地问："所以，你们已经让50家健康护理机构起死回生？"

马克和保罗点点头。"怎么办到的？"他想要知道原因。马克和保罗看着对方，等待对方来回答。马克最终回复道："这取决于找到和培养正确的领导者。"

"那在一个领导者身上，什么是你们最看重的特质？"问题像连珠炮一样发射了过来。马克和保罗感到有点像是在接受盘问。

"谦逊，"保罗毫不犹豫地回答，"这就是可以拯救这些机构的人与众不同之处。成功的机构领导者是那些足够谦逊的，因而能够拆掉'我'周围的墙，看到其他人能力的人。他们不假装自己懂得所有事情。相反，他们创造环境来鼓励下属对机构面临的挑战提出自己的解决方法。"

私募公司的成员纷纷看向他们面无表情的领导。

"谦逊？"他终于脱口而出，带着居高临下的语调，"你们在跟我说，你们买下了50家失败的机构并让每一家都扭亏为盈，是因为你们找到了一些谦逊的领导者？"

"是的。"马克和保罗不假思索地一同回答。

这位资深合伙人盯着他们看了一会儿。不久之后，他把自己的椅子从桌边推开，站了起来。"一派胡言！"他说完这句话，转身大步离开房间，放弃了这个非常赚钱但无法明白其商业模式的投资机会。

　　大约15年前，马克、保罗和其他的早期合伙人决定尝试亲手建立自己的公司。尽管他们加在一起也只有不到10年的专业护理管理经验，但他们看到了在这个问题重重的行业里创建一个独特公司的机会。因为无法解决看起来棘手的临床和财务问题，很多公司纷纷从失败的护理机构撤资。但这些合伙人拥有一个共同的坚定信念：这些失败的机构之所以失败，并不是没有对的员工，而是没有对的思维模式。任何一个机构面临的几乎所有问题都可以被员工自己解决，只要唤醒他们心中蕴藏的创造力、能量、关怀心和热情。

　　马克这样解释他们的方法："我们的竞争对手无法在短期内接手一家机构和团队，是因为他们认为这些团队是有缺陷的。而我们的观点是，我们接手一家由于管理糟糕而业绩不佳的机构，并向现有团队展示机构可能成为的理想样子，这样，他们将能靠自己扭亏为盈。"

　　当他们买下第一家专业护理机构的时候，他们找到了后来几乎在所有收购的机构里不断复制的成功模式。将要离开机构的前任领导者出于好心给了他们一张名单并告诉他们，如果希望机构运营能够好转，最好解雇这五六个人。"我们会感谢他们，然后开始工作，"保罗和马克回忆道，"大体来说，这五个人中的四个将会成为我们的最佳员工。"

　　细想一下，这证明了什么？如果那些被看作问题员工的人在新领导和新方法下能成为明星员工，那么，机构取得进步乃至扭亏为盈的关键，就不再是让错误的员工离开，而是创造一个让几乎所有人都能好好工作的环境。

保罗解释道："领导者的失误在于一开始便告诉下属：'这是我们的愿景。你们去把我们的远见变成现实吧。'在我们的世界观中，这是错误的。虽然领导者应该提出一种使命或全局视野，也应该指出可能的发展方向，但好的领导者更应该帮助人们看见他们自己的目标。因为当人们看见这些目标和差距，他们就可以发挥全部主观能动性。这就是有效领导的定义。有效的领导并不提供所有愿景，而是帮助人们看见自己的目标，站在向着自己目标前进的人们身后，热情地支持他们。当目标是由行动者自己选择的时候，目标就是他们自己的，而不是领导者的……当人们能够自由地向自己的目标行动，而不是仅仅执行领导者的愿景时，他们就可以随机应变，因势利导。这是领导者再精心协调也无法实现的。"

早前，在运营最早收购的几个机构时，马克和保罗要亲力亲为。当他们收购了更多护理机构时，就需要找到其他领导者用同样的方式运营这些机构。他们必须学会识别、传播和衡量自己观察、思考、工作和领导的方法，这套方法创造了团队即时合作、创新和快速响应的能力。这也正是齐普用在特警队上的方法。

这本书就是关注这套方法——如何观察、思考、工作和领导，从而深远地提高个人、团队和机构有效工作的能力，让人们能够做得更多、更好。

　　一开始，你可能会跟那位半途离开与马克和保罗的会议的私募公司合伙人有同样的感受。我们在此讲述的想法可能最初在你看来毫无逻辑。你也许会想，这些概念到底能怎样帮助我应对眼前的挑战？我们恳请你稍稍多花一点时间留在会议中。我们保证当你读完本书时，你会找到一个可执行、可复制、可衡量的方法来改变个人、团队和机构的表现。

　　同样重要的是，你也将开始用全新的眼光看待家庭生活。你将学到一些与你关心的人更好互动的新方法，包括你认为最难互动的人。我们恳请所有更关心工作以外事情的读者不要因为本书有时使用公司的案例而放弃。本书中任何适用于公司的方法，也同样适用于家庭生活，反之亦然。这就是为什么我们在本书汇集了关于公司、家庭和个人的故事。每个故事中的道理都是放之四海而皆准的。

　　我们的旅程始于齐普、马克和保罗一致赞同的一个基本原则：看法指引和塑造行为。

第三章

什么驱动了行为

最近，一家世界知名的公司聘请了我们（亚宾泽协会）。在本书里，我们暂且把它叫作Zilo系统公司（简称Zilo）。Zilo这个名字曾经广受赞誉，但如今却令人难堪。公司员工的士气也空前低落。

面对这种局面，Zilo做了许多其他机构在类似处境下都会做的事。他们让高管们组成各种委员会，以便诊断本公司面临的问题并找到解决办法。比如，有一个委员会是为了修正整个公司层面失败的沟通机制，另一个是为了寻找让全公司的员工更多地合作和负责的办法，还有一个，是为了重新评估公司花在客户服务上的努力是否有效。

这些高管对此都表现出了最大的诚意。无论个人还是集体，都花费了大量时间精力来思考解决公司眼下困难的各种可能方法，也确定出了一些"必须要做"的改变。他们的建议基于本行业多年的经历和成功的经验，想法也很好。简而言之，他们是一群正派的、专业的、勤奋的、背景多元的人，然而，他们的努力汇总起来却毫无成效。

为了理解为什么他们的建议几乎不会有任何效果，我们需要更深入地了解 Zilo 和类似的机构。

从最基础的层面讲，一个人或组织取得的成果，是由这个人的行为或组织中的人们共同的行为造就的。我们可以用一张简单的图来表示这点。图中的三角形代表了那些导致现有结果的行为（即倡议、行动和活动）。如图所示，行为导致了结果。

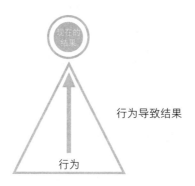

然而很明显，这个论断是不完整的，从本质上看也是误导人的。因为一个人选择去做这个或那个行为，是由比行为更深层的动力驱动的。也就是说，一个人或组织的成果不仅是由他们的行为导致的，还是由一种更深层次的决定性因素驱动的。

这个因素是什么？让我们再思考一下齐普·胡特和他的特警队的故事吧。这个故事之所以如此震撼，恰是因为它如此出人意料：我们也许永远不会想到，特警会中途停下任务去冲泡婴儿奶粉。不仅是因为大多数特警不会选择去做冲泡奶粉这一"行为"，而是他们压根儿就没有这种"想法"。

为什么？因为这个行业的人普遍拥有的思维模式根本不会产生这种想法。如果固守着原来的思维模式，冲泡奶粉这种想法绝不会进入他们（也包括几年前的齐普团队的队员）的意识中去。

本书用某人的思维模式一词，并不是表示当下主流的那种"某人对自己或别人的信念"的意思，而是表示一个人理解和看待整个世界的方式——比如，如何理解和对待他人与自己，如何看待挑战、机会、环境等。每一个选择都出自选择者的思维模式，因此也受选择者的视角和观点所限。比如，一个公司能够制定出的战略方案，就受CEO和其他高管的思维模式限制。类似地，一个高管规划出来的行动方案能否成功，取决于由更多成员组成的执行团队的行为。这些人的实际行为，不仅受制于行动方案本身，更是由他们的思维模式决定。

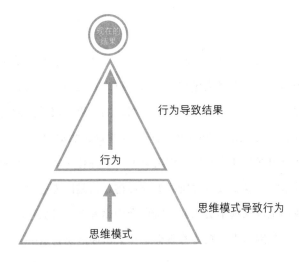

因此，尽管一个团队的成果是由团队里的人们的共同行为决定的，这些行为本身却是由他们集体的基本思维模式驱动。修改后的图表展现了这一事实。

现在让我们来看 Zilo，以及其他一些想要大幅改进行为和绩效的组织，比如公司、家庭等，它们如何成功地从现有的绩效水平迈向目标水平？

流行的方法是先确定提高水平所必需的行为，然后向整个系统宣布这些行为，推动人们在行为上做出必要的改变，就如下图所示：

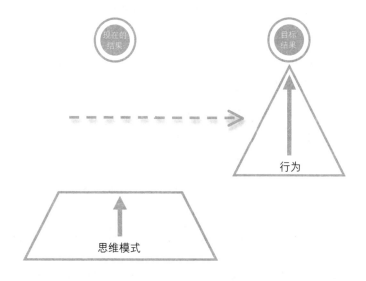

这正是 Zilo 领导层的计划。他们正要推行一整套全新的沟通草案和其他行为方面的倡议，让公司从现有困境中解脱出来，推

动它从优秀走向卓越。但我们能期望它奏效吗？这些没有深层思维模式转变支持的硬性规定，能产生预期的结果吗？ 在非工作环境中，我们也会有类似的疑问。比如说，如果没有家庭基本思维模式的支撑，我们还能想象孩子们会心甘情愿地遵循父母的命令吗？

近来，我们向全球最大的健康护理机构之一的管理层提出了这个问题。他们立刻意识到，答案是否定的。多年来，他们已经在自己的组织内部看到：没有公司思维模式配套支持，只是着眼于行动的解决方案总会失败。其中一位管理人员说出了最有力的、大家都无法反驳的论点："通过个人魅力或强烈意志，一些领导者可以强制推行这种变化一阵子，"他说，"但无法持久。最晚到这位领导者离开组织的时候，组织将迅速回到原来的老路上。"

麦肯锡公司的研究证实，"不能认识并改变不合时宜的思维模式会阻碍整个组织转型的努力"。麦肯锡还发现，那些"从一开始就认识到组织内普遍存在的思维模式并加以改造的组织，其变革的成功率是那些忽略这一步的组织的4倍"。[①] 想想吧：通过改变思维模式来改变现状的人的成功率，是那些不这样做的人的4倍。

历史上和如今大多数的变革方法，都因为没能处理好思维模

---

① 参见纳特·博阿斯与艾丽卡·爱瑞儿·福克斯（Nate Boaz and Erica Ariel Fox）合著《改变领导者，改变你自己》（Change leader, change thyself），《麦肯锡季刊》（*McKinsey Quarterly*），2014年3月版，以及乔安娜·巴斯与约翰妮·拉沃依（Joanna Barsh and Johanne Lavoie）合著《尽你所能来领导》（Lead at your best），麦肯锡公司网站（McKinsey & Company），2014年4月。

式的转换而事倍功半。企业再造运动试图通过调整企业组织架构改善业绩，是纯粹的行为变革。精益方法寻求的是让员工们投入时间，持续不断地改进公司的系统和流程，这也同样仅仅是一种对组织内部行为方式的改变。军队和社会其他领域的领导者试图通过强制或禁止某些行为来"杜绝"性骚扰，有时也为此提供一些意在改变行为的培训。这样或那样的培训，共同点都是试图通过传授更好的行为方式，比如说，更好的销售技巧、有效的沟通方法、高级的谈判策略，来改变行为。

大多数改变个人行为的方法也与此类似，从戒烟计划到提高高尔夫球技的指导，从本质上说还是希望直接改变行为。为了使用这些方法，技术工具越来越多地成为"答案"的一部分。比如，在警察执法领域，人们希望随身执法记录仪能极大改善警察和公众的关系。

这些方法有什么错吗？最新研究并没有显示这些方法必然是错误的。然而，研究也确实建议，这些方法比专注于改变心态、而不仅仅是改变行为的方法要低效得多。人们可以通过沟通技巧培训来改善他们的沟通技巧吗？当然可以。但想一想，你对那些能说会道但只考虑自己的家伙，和对那些沟通技能不如他们却关心你的人的态度。沟通的关键不在于华丽的技巧，而在于沟通产生的影响，后者更多与思维模式而不是技巧有关。

改变组织文化同样需要依靠思维模式的改变。"文化可以吃掉战略"（culture eats strategy）的想法现在已经深入人心。但人们并不那么清楚地明白，组织文化本身是一个团体或组织里盛行的思维模式的体现。看看下面的图表。第一眼看上去，我们可能会把组织文化和思维模式等同起来，因为我们认识到，组织文化能影响一个组织内部会发生什么以及不会发生什么。以下表述有助于你理解二者的区别：思维模式是此图表的基础，组织文化则不是。组织文化是一个组织内的思维模式和行为的总和。

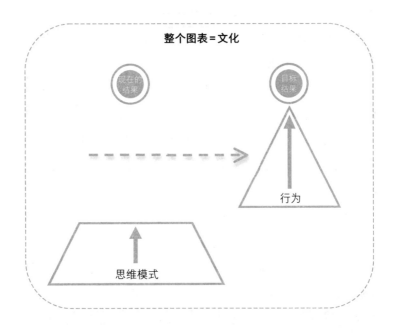

上述图表中的组织有着这样的文化：用频繁的命令去推动行为，但这些命令总会遭遇反抗。这样的组织文化特性是缺乏信任，相应的后果就是成员不负责。领导者会指责员工缺乏执行力，而员工抱怨管理者不会领导。这表明，一个组织的文化由组织内盛行的思维模式以及组织内发生和没有发生的行为共同组成。

在 Zilo 的案例中，领导者尚未解决造成他们大多数组织文化问题的根源——一种亚宾泽称之为"思维模式鸿沟"的东西。思维模式鸿沟是一个组织现在盛行的思维模式与改善业绩的行为所必需的新思维模式之间的差距。必须弥合这道鸿沟，才能把目标从梦想变为现实。中长期看（通常，在短期内也一样），组织的业绩受组织内盛行的思维模式限制。为了让改变持久，思维模式的改变要先于或同步于行为的改变。

只要思维模式鸿沟存在，让人们改变行为的尝试总会遭到抵抗、扭曲、投诉、破坏，并最终被抛弃、被遗忘。这就是为什么许多针对行为的可能有用的培训常常无法达到它们许诺的目标。任何改变行为的尝试，只要没有获得培训对象和所在组织的基本思维模式支撑，都必将失败。任何进步都是小修小补而不是脱胎换骨，而那些可能有用的想法，也只会是昙花一现。

在家庭方面也是如此。比如说，那些希望孩子们能帮忙做家务的父母，可能因为孩子们的健忘和懒惰而深感挫败。"他们怎么就不能管好自己的日常琐事呢！"父母们也许会这样想。有些父母采取了高压政策，逼迫孩子们"学会"按吩咐去做；另一些父母则尝试引导孩子，用胡萝卜或大棒，或者双管齐下。还有一些父母彻底放弃了，一边自己承担全部家务，一边默默埋怨着孩子们。父母可能一个扮红脸一个扮白脸，但这却导致亲子关系紧张。所有这些"解决方案"在本质上都仅仅是针对行为本身。它们都没有触及真正的问题，即思维模式。除非改变家庭中盛行的思维模式，那些试图在家庭里推行新的行为模式的人，只会不断地失败。

然而，好消息是，当你充分改善了盛行的思维模式——无论是个人的还是组织的——你就无须继续管理许多之前必须得靠命令推行的事情。一旦思维模式改变，行为就会随之改变，无须开出行动上的药方。即使你依然要命令别人，这些命令也不会遇到系统性的反抗。而如果你有思维模式上的欠账，同样的事情就不会这样顺利。思维模式的改变，为你收获行为上的改变铺平了道路。

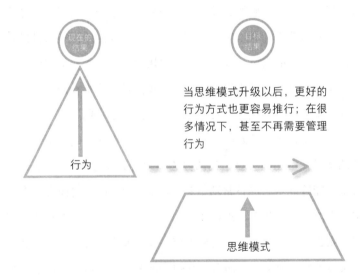

现在的结果

目标结果

行为

当思维模式升级以后，更好的行为方式也更容易推行；在很多情况下，甚至不再需要管理行为

思维模式

此外，当思维模式改变后，人们就会开始思考并且去做以前从不会想到去做的事。齐普和他的队员就是一个好例子。齐普从未想过在什么情况下，他们可能需要准备奶粉来帮助母亲安抚哭

闹的孩子。因此他并没有想过或提到要做这些事。然而，他从自己做起，努力改变了团队每个人和集体的思维模式，因此不用提早思考并命令队员们。当新的、意料之外的情况出现时，队员会自己考虑该做什么。底层的思维模式驱使他做出了当下最好的行为。

同样的事发生在我们一位同事库尔特·威廉姆斯（Kurt Williams）的家庭里。他教会了孩子们按照本书介绍的方法改变思维模式。他的孩子们便开始自发地根据自己的理解，用一种全新的方式为即将到来的家庭旅行做准备。当库尔特工作出差的时候，他14岁的女儿召集起姐妹们并邀请她们一起出谋划策，为的就是让这次家庭旅行给妈妈留下美妙的印象。妈妈向来承担着做旅行计划的重任，也总是对每次旅行都感到担忧。孩子们列出了她们认为能帮到妈妈的事，兴奋地计划和执行。像齐普的团队成员那样，她们自发地考虑自己该做些什么，她们不再需要命令或管理。

在下一章中，我们将探索把这一切变为可能的思维模式。

第四章

两种思维模式

1997年的8月时，露易丝·弗兰切斯科尼（Louise Francesconi）担任休斯导弹系统公司（Hughes Missile Systems Company）的董事长。那是国防工业掀起合并潮的时代。休斯导弹公司的主要竞争对手雷神公司（Raytheon）刚刚与休斯的母公司通用汽车（General Motors）达成了一项协议，要收购休斯导弹公司。收购协议中包括了一项指令，要求露易丝和她的领导团队要么在30天内削减一亿美元的成本，要么……

你能想象休斯导弹公司管理层面临的压力。他们的竞争对手将要收购他们，并且即将决定他们的职业生命。削减一亿美元成本就是他们的面试题。

因此，露易丝团队的14名管理者面临着巨大的压力——不仅来自这条集团指令，也来自各自肩负的产品线的领导责任。因此，管理团队中出现了紧张的气氛，领导者纷纷专注于如何保护自己的部门，暗示其他部门应该承担更多的削减责任。没有人明说，但每个人向团队汇报的削减成本方案都很简略，言外之意不言而喻。他们都只愿意对自己部门进行象征性的削减，用精心准备的论据来说明为什么再削减本部门的费用将会损害整个公司的利益。他们都承认，唯一能完成一亿美元削减目标的方法是裁掉一些人，但他们都希望裁掉的是其他部门的人。

露易丝的挫败感在滋生，她知道这样下去不会有任何结果。他们必须要做到削减一亿美元成本。这么做一定会很痛苦，而且她也担心这次削减成本的后遗症会在未来持续地损害她的团队和公司。

我们在与机构客户的合作中，见过好几百次这样的僵局。问题的核心十分简单：激励结构、公司指标、职业目标和个人的自我意识，这些因素都使人们过度关注自己以及自认为的需要和挑战，但这会损害整个团队。简而言之，组织机构和他们的成员固守内向思维，陷入僵局。

幸运的是，露易丝和她的团队并没有陷入僵局。他们是怎样做到的呢？他们用的是和堪萨斯市警察局的特警队同样的方法，这种方法帮助警察们在增加任务成效和社区合作的同时，也把投诉和官司减少到零。他们让所有团队成员置身于一个从内向思维向外向思维转变的框架中，让他们从担心别人对自己的影响转变为关注自己对他人的影响。在这两个案例以及本书中将要提及的其他案例中，这一做法改变了个人和组织的一切——从如何衡量成功，到如何合作，再到如何组织团队并评估业绩。

这个框架始于一个最基本的认识：人与物品不同。当然，这看起来并不是什么重大发现。但只有当一个人意识到，个人行为、组织的架构设置和实际运转方式如何违背这一原则的时候，才能明白我们为什么强调这一点。让我们从考虑人和物品（比如，一张椅子）的区别开始：首先，人有感情，而椅子没有。人有意愿，也就是想做的事，他们还有愿望、动机、目标等。

当我们把其他人当作人来对待时，他们对我们是重要的。既然他们对我们是重要的，他们想做的事对我们也是重要的。他们和我们一样，有自己的目标、挑战、希望和烦恼，我们能够感受也在乎他们的关切。事实上，这种对他人的需要和目标的感知，正是把别人当作人的含义。

我们对待物品的方式与此相反。物品没有想要做的事或者想要实现的目标，因此，我们对物品的关注，仅止于它们如何帮助我们达成目标。明白了这一点，就让我们物化他人的行为变得值得玩味——这意味着，我们仅仅关注别人能为我们做什么。

让我们采用两种不同的方式看待他人的，是两种迥异的思维模式——一种是外向思维模式，另一种是内向思维模式。想象一下你是下图外向思维模式图中的人。右边紧挨着你的三角形（我们叫作内部三角形）代表你在工作上的目标和行为。你也可以把这个图用到个人生活中，内部三角形代表你在家庭或其他关系上的目标和行为。右边紧挨着你的同事的三角形（我们叫作外部三角形）则代表了他的目标和行为。

当有着外向思维模式时，你感到自己完成工作（你的内部三角形的目标）时，也要让同事更容易完成他们的工作（同事的外

外向思维图

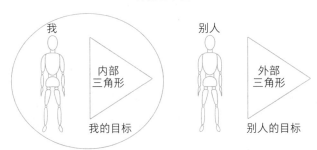

部三角形目标）。在个人关系中，这意味着你要关注自己的目标和
行为会对你的配偶和其目标有所帮助。你感到既要对自己所做的
事负责，也要考虑自己的行为对别人的影响。

　　相反地，当我们持有内向思维模式时，我们仅关注自己做的
事。别人可能会受到我们行为的负面影响，但那对我们并不怎么重
要。虽然同事或配偶有自己的目标，但当我们的思维模式是内向的
时候，我们其实并不那么在乎那些目标。因此，在内向思维模式图
中，我们忽略了外部三角形，也就是那些别人想做或正尝试做的
事。同时，我们改变了代表自己的目标和行动的内部三角形的方
向，用来阐明我们对待物品的那种以自我为中心的状态。

内向思维图

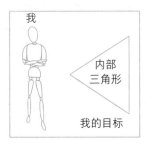

　　在内向思维模式图中，在你右边的人可以是你的客户、同事、配偶、孩子、邻居、父母，也可以是街上的陌生人、餐厅服务员，还可以是你旁边的那辆车里的人。在这种思维模式里，这些人是否存在，仅仅取决于我们认为他们是否能帮到自己。如果我们认为他们能帮助我们达到目标，就把他们看成工具。如果他们阻碍我们做想做的事，我们就把他们视为障碍。如果他们既不能帮助也不会妨碍我们，他们就与我们毫不相干。在我们之前的书《别找替罪羊》和《化解我们内心的冲突》中，我们把这种对待别人的姿态称为"把自己装在盒子里"，因为这种相处方式斩断了我们与他人的联系，也让我们对周围的各种可能性一无所知。

　　请再思考一下堪萨斯市特警队的例子。过去，这支队伍的成员仅仅考虑社区居民怎样影响他们执行任务。一些居民是挡道的障碍，另一些是可用的工具，还有一些是无关紧要的，因此不用考虑他们的意见和财物。他们的执法理念就是人是物品，不是人。这种明显罔顾事实的做法激起了社区居民的反抗，这增加了成本，降低了效率，损害了效果。只要你想一想，就会发现这不足为奇。人们倾向于反抗把他们看作物品的人。想一想你如何回应那些根本不把你的需求和目标当回事儿的人。

　　向内思维模式也许看起来很邪恶，但通常这只是因为持有这种思维方式的人低着头，仅仅考虑自己的道路。这样的人可能并不讨厌别人而且也并非心怀恶意，甚至可能还是努力工作的人。可是，当思维模式是内向的时候，这样的人总是系统性地忽视（在某些情况下是漠不关心）自己的行为对别人的影响。在组

织中，这酿成了孤立、不合作的工作氛围；在家庭里，则会导致
冷漠。

　　这两种思维模式 —— 一头是内向思维，另一头是外向思
维 —— 构成了连续光谱的两端。打个比方，假如在一个组织（无
论是公司、政府部门、家庭等）中，每个人都以内向思维模式指
导行为，而惯例、规章和流程持续不断地强化这种做法。当然，
现实中没有一个组织全然如此，但让我们设想一下处在思维模式
光谱最左端的情况。然后再考虑一个全然由外向思维的人组成的
组织。同样地，这样的组织并不真实存在，但它构成连续光谱的
最右端。

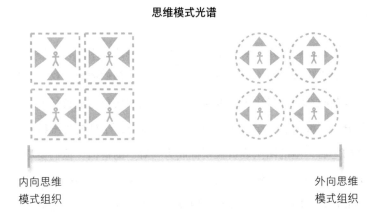

思维模式光谱

内向思维　　　　　　　　　　　　　　　　　　　外向思维
模式组织　　　　　　　　　　　　　　　　　　　模式组织

　　在我们的工作中，我们评估客户的同时也邀请客户自己评估
他们的组织在这个光谱中的位置。我们这么做是为了设定衡量进
步的基准。我们惊讶地发现人们通常对自己所在组织的评分如此

之低。如果完全的内向思维模式是0分而完全的外向思维模式是10分的话，平均而言，组织中只有小一部分人对组织的评分超过5分，大多数人的评分介于2~4分之间。有意思的是，人们对自己的评分远高于对自己所在组织的评分。结果，一个平均分仅为3分的组织，却有着平均分7分的雇员。（这正是我们在《别找替罪羊》一书中写过的"自我欺骗"问题的表现。）

无论处于连续光谱上的何处，即使对于自我评价获得8分的组织而言，我们依然希望它能向连续光谱的右边，即更倾向于外向思维的一侧移动。为什么？因为当一个组织在设计其战略、结构、系统、流程和工作方法时更多地使用外向思维模式，组织内部的合作精神、创新意识、文化水准和它创造的客户价值都提高了。

让我们回到露易丝和她的团队面临的挑战，来看看这种改变是如何发生的。每个团队成员简单地汇报了他们能对一亿美元的成本削减任务贡献多少，但这些金额加起来仅仅完成目标的一小部分。这种情况下露易丝改变了方案。在奠定了外向思维模式的基础之后，她的团队成员被安排成为一对一的搭档。他们要尽量掌握搭档的工作领域的一切信息，然后思考如何帮助搭档在其部门节省开支同时保存对整个组织至关重要的部分。这项任务并不是要求他们帮助搭档削减开支，而是帮助搭档寻找节省开支的方法。

在这些一对一的会议中，出人意料的事情开始发生了。当同事们了解彼此部门的更多事务后，他们发现自己更愿意帮助别的部门面对挑战。他们开始削减自己部门的一些额外开支来帮助保留同事部门的重要部分。一对搭档中的一位甚至开始思考，从商业上来讲，把他自己的部门合并到搭档的部门之下是不是一个好主意。想一下这意味着什么：这位直接向董事长和CEO汇报的领导者愿意自降一级，向一位现在平级的同事汇报。

这有多常出现？

答案是，极为罕见。这就是为什么从外向思维出发进行思考和工作能够取得如此大的竞争优势。那些用向内思维模式来理解和执行工作的领导者和组织，不仅无法取得外向思维的组织取得的成就，甚至连做梦也没想过能这么做。他们看不见那些外向思维的人和领导者能够看到的选项。

仅靠把上述那个部门合并到另一个部门这一个举措，休斯导弹公司就节省下了700万美元。这是他们一个月之内达成削减一亿美元费用目标的第一步，而且没有裁掉任何一个人。他们不但达成了这个困难的目标，而且在并购之后，在人们认为他们不会增长超过5%时，把营业额翻了一番。除此之外，他们还迅速地减少了预算和决策的时间，把公司内的合作水平提升到史无前例的高度。

这是绝大多数领导者都梦寐以求的结果。当个人、团队和组织拥抱外向思维模式时，这一切就成为可能。我们在下一部分中会更深入地探索这一思维模式。

第二部分

探索外向思维模式

第五章

外向思维的人

1967年8月闷热的一天，16岁的克里斯·华莱士（Chris Wallace）正在他父亲的农场里铡着干草。父亲以妻子玛格丽特的名字命名这座农场，叫作"圣玛格丽特农场"。农场面积高达3,900英亩（1英亩约等于4,047平方米），位于内华达州的里诺城东南100英里（1英里约等于1.6千米）处。东沃克河从农场流过，沿岸三角叶杨和白杨绿树成荫，这里成为逃离单调的农场苦活儿和内华达夏日骄阳热浪的胜地。一天，克里斯正在操作一台割晒机，这台机器可将干草斩碎，并通过漏斗把碎草拢成长列或草堆。他坐在割晒机的座位上，心里埋怨着父亲。

他的父亲内特·华莱士（Nate Wallace）在加利福尼亚州北部的一个小麦农场长大。内特是加州首批农用飞机飞行员，他多才多艺，还是一名自学成才、博览群书、性格内向的金手套拳击联盟的拳击手。此外，他也是太平洋海岸联盟的职业棒球手。在比赛中，他左右开弓，双手都能击球和投球。他是出了名的几乎无所不能的人。

内特和玛格丽特相识于内华达州的卡森市，两人不久就结婚了。他们曾共同买下并经营一个位于里诺的私人飞机场。几年之后，他们卖掉了飞机场，大赚一笔，并用所得收入买下了三个农场，将它们合并成为圣玛格丽特农场。这是内特荣归故里的方式。但对克里斯和其他的孩子们而言，这农场既是社会地位的象征，也是一连串枯燥乏味的工作和无尽义务的根源。

克里斯14岁时，富有的迪克舅舅从宾夕法尼亚州来他家做客，带来一个让他逃离农场的机会。晚饭时，舅舅对父亲说："我想让克里斯跟我回去，让他见识一下东部——那些城市、博物馆、内战战场，再认识一下表兄弟们，也看看他在生意上是否能有所发展。"这个"生意"，正是纳尔逊·洛克菲勒的国际基本经济公司（IBEC）。克里斯的舅舅当时正是这个公司的主席。"我认为这会为克里斯将来做大事做好准备。"迪克舅舅说。

克里斯被舅舅的话惊呆了。他听着母亲的家族如何富有和成功的故事长大，却从来没有回到东部去亲眼看一看。他几乎不能掩饰自己的兴奋，眼前浮现出离开圣玛格丽特尘土飞扬的道路和无边无际的田野后的生活。他转过头，满怀希望地看着父亲。

在咀嚼并咽下一大口炖肉之后，内特用餐巾擦了擦嘴，摇摇头。"真是个慷慨的提议，迪克，"他说，"但我们没法这样做。"克里斯的心，方才还快乐得像要飞出天外，现在却一头栽进尘土飞扬的高原沙漠。现实看起来既像是低矮的天花板又像是牢笼。克里斯沉默地低头看着自己盘子里的食物，感觉到对父亲的怨恨在心里膨胀。

克里斯的愤怒逐渐沸腾，他突然从座位上跳起，跑出房子，藏到泵房波浪形的屋顶上。父亲出来四处找他，但他一点也不想搭理父亲，便隐蔽起来一声不吭。在他的心里，父亲刚刚宣判了他将过一种自己憎恨的人生。他一直藏在泵房的屋顶上，直到父亲停止寻找。

在结束了一天的割苜蓿草的工作之后，16岁的克里斯在脑海里回放了那天晚上的记忆。在其后的两年中，他渐渐远离了他的父亲。他会完成日常工作，但除此以外别无其他——不说话，不多下功夫，不去理解也不去感激。一完成了每日的基本工作，他就躲进河边的树丛中，试图通过带在身边的书里的故事逃离自己的生活，这些书是他从父亲藏书丰富的个人图书馆里借来的。

克里斯知道自己家的经济状况在过去的几年中变得很糟，但他并不关心这事。迪克舅舅曾提出要负担他们家堆积如山的债务，但被父亲断然拒绝。最终，父亲在走投无路的时候，不得不接受一桩丢脸的交易，用广袤的圣玛格丽特农场向一个邻居换了一个160英亩的小农场和一个九洞高尔夫球场。丢掉大农场让克里斯感到他们失去了原来的社会地位，成为那种失败的乡巴佬。这给了克里斯另一个憎恨父亲的理由。

就在完成这桩丢脸的交易的晚上，当克里斯靠近房子的时候，听见了父母在争吵。这让他很惊讶，因为他以前从来没有见过他们争吵。克里斯开门的时候正好看见他父亲向母亲挥出了拳头——这场面让克里斯比听见他们的争吵声更为震惊。义愤，就像是火星，点燃这两年来压抑在克里斯内心中翻腾着的易燃的怨恨。他冲进父母的卧室，抓起了父亲的手枪。他狂怒得红了眼睛，把那个曾砸碎他的梦想的人赶出了房子。

克里斯的父亲最终还是回到了房子里。他从未跟克里斯提及那晚的事，而克里斯也退缩回幽怨的沉默中。然而，两个月后的一个夜晚，克里斯的生活永远地改变了。上床之后，他被两声巨响惊醒——第一声是枪响，第二声是身体砰然撞击地面的声音。父亲用那天克里斯挥舞着来驱赶他的手枪自杀了。

克里斯的哥哥跑进了克里斯的房间，告诉了他这个消息，但克里斯并不想去现场看一看。从走廊上，他可以看见父亲的脚。这就足够了。他的父亲死了，克里斯感到自由了。

然而，内特·华莱士的死让已经处境艰难的家庭雪上加霜。克里斯把所有的问题都推到了父亲身上——怪他造成财务上的灾难，怪他留下母亲一人面对一切，怪他让整个家庭蒙羞，让家人感受社会的放逐。克里斯开始被愤怒吞噬。

这种愤怒没日没夜地困扰着克里斯。无论他的生活中出现了什么不顺心的事，他总是归罪于父亲。一场失败的交往？父亲的错。学校课程学不好？也是父亲的错。无法决定自己的未来？你能指望一个没有父亲指导和建议的人做出什么决定？

在夜里，父亲出现在克里斯的梦里，让他不得安眠。虽然梦境从一个场景换到下一个，但它们的本质却是相同的。克里斯可以从建筑外面、停车场的另一头或田地的对面看见他父亲，可当他试图接近的时候，父亲却一定消失了。夜复一夜，这样的情节反复出现在克里斯的梦里。他的父亲总是在遗弃他。

克里斯渐渐发觉，向人讲述父亲的自杀以及父亲如何让他噩梦缠身能获得更多同情。然而，从某天晚上起，他的思维模式却开始了转变。在那个晚上，一个17岁的女生听了他的故事，却并不表示同情。他还在讲述的时候，她就开始咯咯发笑，这让克里斯十分恼怒。

"你干吗笑？"

她并没有马上回答。

"这没有什么好笑的，"克里斯执意问道，"你干吗笑？"

"好吧，"她说，"你父亲已经死了，对吗？"

克里斯不明白她想说什么，只是盯着她看，等她说下去。

"所以你脑袋里的那些东西——不是他的，而是你的。它们是你的梦。"克里斯从未这么想过，他感到困惑。

女生接着问道："如果你赶上了他，你会对他说什么？"

"我要告诉他，他都搞砸了些什么！"克里斯激动起来，"我要大骂他一顿——因为他伤害了妈妈，伤害了我们！"

那个女生挠了挠头。"有意思，"她说，"也许你多多少少意识到，他承受的痛苦大到让他宁愿选择自杀。所以直到今日，即使在你的梦中，你都无法让他变得更加痛苦。"

这种想法如此新颖，以至于克里斯无言以对。在此之前，他从未想过父亲肩负的重担。长久以来，他总认为父亲是个只顾自己的家伙。克里斯虽然不情愿但不得不承认，他内心深处同意她的看法。

"那么我该对他说什么？"他反问那个女生。

"我不知道，"她答道，"不过至少，也许你可以为这么多年来对他的憎恶和愤恨道个歉。"

这实在太出乎他的意料，克里斯勃然大怒："听着，如果有人需要道歉的话，那也应该是他！他毁了我的生活。"

"不是的，克里斯，"她说，"他毁了他的生活。而你正在毁掉你的。"

克里斯瞠目结舌，无言以对。他恍惚中忘记自己是怎样回到家里的。

接下来的三个星期中，他不停地想着她说的话，再没有梦见父亲。后来，在一个多梦的夜晚，克里斯在一个梦里看见他的父亲从街对面走过。当克里斯看见他的时候，父亲躲进了一家五金商店。克里斯迅速地穿过街道，走进了同一家商店。在往常的梦里，这时的商店里应该是空荡荡的。然而，这天晚上，他发现父亲就站在离他1米的前方。这么多年之后，克里斯终于和父亲面对面地相遇了。

他会对父亲说什么？

梦中的克里斯听从了那位年轻女士的建议。他向父亲道歉，他们互相拥抱。

当克里斯醒来的时候，他发现自己的心中充满了全新的情绪——他想念父亲。他心中的一切尖酸刻薄，都被一种渴望替代。

对父亲的渴望，在后来的44年中一直伴随着克里斯。至今依然如此。他从自己的蜕变过程中得出了一个强有力的结论。"我们深信，我们对他人的想法和感觉是他们的行为造成的，"他说，"比如他们多么地忽略我们，或多么挑剔苛刻等等。然而，一位17岁的年轻女士教会了我，这种想法并不正确。我对别人的看法，是出于我自己的理解和意愿。"

当被问到他是否原谅了父亲带来的各种苦难时，克里斯明确地摇了摇头。"不，我仅仅是不想让自己再以他的名义继续犯错。这不代表我原谅了他。我可以看见他的失败之处。他犯了一些错误，包括一个尤其糟糕可怕的错误——我打赌，他做完一定会非常后悔。如果不是已经无力回天的话，他一定会立刻撤销自己刚刚所做的错事。但我不再沉浸在他的错误里了——那是我曾经用来否认自己的错误的方法。"

当被问及他自己曾经犯过哪些错误时，克里斯的眼里开始泛出泪光。"当时，我看不到父亲为我们所做的一切。我认为那是理所当然的。我只关心自己想要做什么。我从来没有了解他，更别说感激。他承担了多么沉重的负担——大量的债务和一大家人的生活。现在我对那些有了更多的理解。当时我还是一个十几岁的年轻人，也许能理解的有限。但当时，我甚至都没有试着去理解，一点也没有。如果我试过，也许在父亲不允许我跟着迪克舅舅去东部时，就不会认为他想要毁掉我的未来，而是会明白他和家里需要我留在农场。事实上，我父亲不希望我离开也许有另一个理由，就是他不希望错过我在长大离家之前的最后一段时光。直到我有了自己的孩子和孙辈之后，我才理解了这一点。我不能想象看着他们突然离开而错过了共度的最后几年宝贵时光。谁能立刻无动于衷地挥手作别自己最小的、只有14岁的孩子？我知道自己不能。他也不能。"

克里斯一边说着，一边摇着头。"我因为觉得父亲对我漠不关心而感到愤怒。虽然事实更有可能是，他所做的事正是出于无比的关心。但我那时什么也没看见。相反地，我只是逃离他，躲进自己的世界。"

"你的问题是我犯了什么错误？"克里斯重复着问题，盯着提问者的眼睛，"我犯的错误是仅仅关注自己，这让我错过和误解了周围的许多事。我每天都在想，如果没有家庭巨大的变故，我是不是根本就不会试着去观察。"

对他人的需要和目标的关心，把外向思维的人和内向思维的人区分开来。这看起来不过是一个简单的区别，实际上却几乎有天壤之别。多年以来，克里斯一直鄙弃、轻视并愤怒地看待他的父亲。然而当他改变了看问题的角度，就找到了对父亲的爱和同情。他的父亲并没有任何变化，但克里斯心中的父亲却完全变成了不同的人。为什么？因为克里斯自己已经变成了一个不同的人。当克里斯的思维模式从内向转为外向，他所看到和回忆起的父亲也便截然不同。

当我们的思维模式是外向时，我们能关心别人，也关心他们的目标和需要。我们把其他人当作人来看待，也随时准备提供帮助。相反，当我们的思维模式是内向时，我们背对着他人。我们并不真正在乎其他人的需要或目标。表面看起来，这种对他人漠不关心的做法仿佛能让我们自己的生活变得更简单，然而，这想法错得离谱。

想要不关心他人，不被他人感动，我们就得付出巨大的个人和社会代价：我们必须寻找理由让自己心安理得地不去关心他人。

这意味着，当我们的思维模式是内向的时候，我们需要为不去考虑或帮助他人寻找正当理由。当然，这种理由很容易找到。在大多数关系中，任何一方都有时会表现出一些欠缺对别人的关心。因此，当一个人进入了我们称之为"内向思维的盒子"时，就可以很方便地揪住别人的过错来原谅自己。当我们这么做时，我们就开始使用自我辩白和归罪他人的叙事方式，而这种方式让个人和社会都会付出巨大的代价。我们看重别人的过错，是因为它为我们提供了不去帮助别人的借口，而我们看重自己的失败，是因为它证明都怪别人。也就是说，我们活着本身不是目的，而是为了赢。然而，我们却因此而失败。

当克里斯的关注点开始从自己转向父亲时，他周围的其他事也变化了。对克里斯而言，转移关注点不是一件容易的事。但最终，他成功地把一部分注意力分给了他的父亲——不是为了指责他，而是为了了解他。了解父亲的意愿，把克里斯从自我禁锢的黑暗中解放了出来。

现在我们来考虑如何在工作场景中运用这一原则。

我们与IBM的合作始于十多年前。当时，公司通信部门负责美洲区域销售业务的是出色的领导者阿德尔·阿尔-萨利赫（Adel Al-Saleh）。阿德尔主动邀请我们与他的团队一起工作。我们与他们的第一次会面是在迪士尼度假中心的艾波卡特中央主题公园。

阿德尔任命的美国东海岸的销售负责人是鲍勃·米勒（Bob Miller）。在一次与阿德尔的教练通话中，他向我们讲述了鲍勃的奇妙故事。IBM的销售部门是按照行业划分的。阿德尔领导着美洲通信业的销售部门，其他销售部门还有金融业、制造业、物流业等等。除此以外，还有一个叫作中小型业务（SMB）的部门，它通常对接合同额小于一定金额的各行各业的客户。SMB部门的工作是把客户培养起来，然后将它们移交到某个专业的部门中去——比如通信业部门。

有一天，鲍勃开始设身处地地思考SMB部门领导者的处境。鲍勃想，如果我是那个人，会是什么感觉？他们总是不得不放弃费尽心血才培育出来的最好的客户。作为一名销售主管，鲍勃密切接触客户并时刻照顾他们，他无法想象丢掉了与客户的联系会怎样，更别提会因此丢掉多少销售收入了。他摇摇头，心想，幸好我不在那个位子上。

这种换位思考的做法产生了后续的影响。不久之后，SMB部门的领导者给鲍勃打来电话，移交一个东海岸的客户。这家客户刚刚跨过了移交给通信部门的门槛。他们谈了一阵子这个客户的情况，鲍勃想要了解有关这个客户的一切。鲍勃被同事所做的培养客户信任和提升销售额的出色工作打动，当下给出了也许到那时为止，在IBM中无人曾想过的许诺。"盖尔（Gale），"他说，"你和你的团队在这个客户上干得好极了。我希望你知道，我个人保证将继续为客户提供与你们树立的标准同等的照顾和服务。"

　　盖尔感谢了他。鲍勃补充道："还有，你知道，我不认为我们有权独享你们全心投入换来的全部收益。如果我们能有一种方式来划分这个客户带来的销售额，让你的团队也可以继续享受努力的成果，你觉得怎么样？"

　　你能想象，当人们开始像鲍勃·米勒一样为他人考虑的时候，你的组织、你的家庭会发生什么吗？

第六章

外向思维的影响

我们倾向于接受与我们思维模式相同的人。这也是为什么改变他人的努力总是令人沮丧：尽管我们努力去用不同的方法做事——用不同的方式说话、互动、交往等——别人却总是用原来的方式来回应。造成这种结果的原因常常是我们大多数的改变只是流于肤浅的表面。我们只是把旧思维模式的酒装进了贴着新行为标签的瓶子里，以为行为上的变化就可以获得别人不同的、更好的回应。然而，别人的回应，恰恰显示出人们的回应方式总是主要取决于他们认为我们多关注他们，而不是我们的某些行为本身。

当然，思维模式的转变常常导致行为的改变。因此，我们可能错误地认为行为的改变就是本质。然而，在内向思维模式下的行为改变，通常并不能引起他人的不同回应，而在外向思维模式下的行为改变，却会激起他人更正面的回应。

洛莉（Lori）就是从和她13岁的斑点狗"公爵"（Duke）的一

段充满挑战的经历中学到了重要的一课。

当"公爵"开始变老的时候，它开始做出一些令洛莉讨厌的行为，其中之一就是在夜晚频繁吠叫。好几个月，洛莉每晚都有大段时间无法入睡，变得越来越懊恼和激动。她开始命令"公爵"停下，但没有效果。于是，她开始吼叫着让它停下，依然没有效果。接下来，她试了各种其他办法——用水喷它、重击它的鼻子以及所有能够想到的、只要有一丝成功可能的办法。一切都徒劳无功。每天晚上，"公爵"仍然叫啊，叫啊，叫啊……难以忍受的洛莉甚至开始考虑，是时候让这只上了年纪的狗永远安眠了。

但有一天，洛莉明白了什么。她只考虑了她自己的困难和挑战，一点也没有考虑过"公爵"面临的挑战。她仅仅用内向思维模式来思考现状。

于是她开始思考"公爵"的处境。它的感受是怎样的？洛莉开始感到好奇。因年老而体衰——失去视觉、听觉和活力，不知道周边发生什么——的感受是怎样的？被孤独地关在后院中，得到的关注越来越少——部分是由于我对它的感情逐渐恶化并因此想减少和它在一起的时间——的感受是怎么样的？

当晚，怀着这些想法，洛莉做了一件与以往完全不同的事。在上床睡觉之前，她来到后院走廊，抚摸着"公爵"。她并没有花费太多时间，而且说真的，她仍然感到有些烦，她的抚摸仅仅是不用心的机械动作。但不管怎么说，她安抚了"公爵"。那天晚上，她躺在床上，等着"公爵"烦人的吠叫。但"公爵"却没有叫，洛莉睡着了。

第二天晚上，她又抚摸了"公爵"，这次花了更多的时间。洛莉发现自己比前一晚更享受这个过程，她还说了一些抚慰激励的话。这天晚上，"公爵"又没有叫。

日复一日，这个模式持续着。洛莉在睡前安抚"公爵"，而他们都享受了一夜安眠。

现在，洛莉依然在每天晚上都会去给"公爵"按摩——耳朵、后背、肚子和腿部。如今她真的喜欢这么做了。"公爵"不仅停止了吠叫，在其他方面也改变了。它近乎躁狂的一面消失了。它看着洛莉的眼睛也更清澈了。它看起来年轻了好几岁。从第一晚的安抚之后，它再也没有在晚上吠叫过。

这个故事中有好几个值得注意的地方。想想当洛莉因"公爵"毁掉了她的睡眠而焦躁时，和当她开始从"公爵"的角度看问题并因此同情和关爱它时，她对"公爵"的看法和相处体验多么不同。这种思维模式的转变，同样改变了洛莉的情绪：从谴责、焦躁和愤怒转向了好奇、关心和体贴。她在思维模式上的改变，改变了她的整个情绪体验。

洛莉思维模式的变化，同样也改变了"公爵"。"如果它不改变呢？"也许有人会问。我们将在下一章回答这个问题。现在，我们只是希望你考虑一下，当洛莉停留在只关注自己的困扰这种内向思维模式时，她所做的一切都无济于事。她因"公爵"而起的烦恼之所以能自行消失，是因为她用外向思维模式注意到并帮助"公爵"解决了它的问题。

除了改变他人甚至某些动物的反应，外向思维模式对自己也有额外的正面影响。当在为其他人而不仅仅是自己做事的时候，人类可以做得更多、更好。外向思维的这一种正面影响，解释了为什么圣安东尼奥马刺队可以长期保持美职篮的霸主地位——尽管长久以来，许多人曾预测他们将衰落。他们建立了一种文化，俱乐部所有者、员工和球员都感到有义务让其他人幸福和成功。

福克斯商业网的一篇关于马刺队的文章探索了马刺队的文化如何给他们带来重大竞争优势。这篇文章读起来就像是外向思维模式的宣传册。①作者把马刺队的成功原因总结为以下4点：（1）招聘并组建无私合作的团队——教练波波维奇（Popovitch）称之为"完美关系"；（2）把球员和员工当作人来关心；（3）给球员和员工说话的机会；（4）完美关系让完美任务成为可能。"我们纪律严格，"波波维奇教练说，"但那还不够。人们之间的关系才是关键。你必须让球员们知道你关心他们。而且，他们必须要互相关心，对别人有兴趣。"

比如说，如果我是蒂姆·邓肯（Tim Duncan），如果我具有外向思维，那么我在马刺队的工作不仅是成为比赛中最有力的前锋或中锋，还要帮助每一个队友达到他们在其位置上能达到的最佳水平。因此，具备外向思维模式的团队和组织不仅从每个成员个人技能的提升中受益，还从每个成员都感到有责任帮助其他人提升技能的意识中受益。这种外向思维模式带来帮助其他成员的责

---

① 参见《美职篮马刺队的团队文化带来竞争优势》（*NBA's Spurs Culture Creates Competitive Advantage*），作者迈克尔·李·斯塔拉德（Michael Lee Stallard），福克斯商业新闻网站（FOX Business）。

任感，反过来强化了个人要求进步、强化技能的欲望。为什么？因为我的队友需要我。他们需要我成为最好的自己。当我把他们当作人来看待，我感到有一种升华了的义务要求我强化技能并保持最好水平。

"波波维奇知道，"文章的作者写道，"如果没有完美关系，完美任务和胜利就像建立在沙土之上，难以保持。因为他着意在团队中发展完美关系，马刺队才能达成完美任务并维持优胜表现。"

马刺队和其他由外向思维模式引领的团队和组织的经验表明，当人们有为别人提供更多帮助的需求和渴望时，能够做成比独自一人时愿意或者能够做到的事情伟大得多的事情。美国海军海豹突击队多年的领导者罗布·纽森上校（Captain Rob Newson），在描述海豹突击队训练的成功者和失败者的区别时，提出了一个有意思的观察。"我可以明确地告诉你，"他说，"失败者何时会退出：当他们停止考虑队友而开始为自己考虑的时候。只要他们能够专注于队友，就可以熬过任何事。当他们开始专注于自己，想着自己多么地寒冷、潮湿和困倦的时候，出局就只是时间问题了。"

没有人比为了其他人做事的时候做得更多、更好。你只要问一下那些曾与圣安东尼奥马刺队交过手的人就知道了。

第七章

什么拦住了你的路

所以，是什么拦住了我们通往外向思维的路？

很多人恐怕会脱口而出，"别人"。第五章中的克里斯，憎恨父亲对他和家庭的所作所为，曾经确信就是父亲导致了自己对他的想法和感觉，但他后来发现这不是真的。

有时候我们想要用困难的处境来为自己的思维模式辩护。上一章提到的洛莉，在狗吠叫让她晚上无法入眠的时候，肯定是这么做的。无疑，一个海豹突击队的候选人，也会面临把内向思维模式归咎于难以想象的艰苦训练条件的诱惑。然而，第六章的每一个故事都表明，我们面对的挑战并不决定我们的思维模式。

洛莉和她的狗的案例就很有启发性。她向我们吐露，狗并不是让她气愤和恼火的唯一原因。在她因为狗吠而气鼓鼓的那段时间里，她也因为各种原因对丈夫非常生气。我们已经说过洛莉成功地改变了她对狗的思维模式，但她也承认，她仍然挣扎于转变对丈夫的思维模式。

　　两种改变有什么区别呢？为什么当她的狗给她带来了麻烦时，她能改变自己，将注意力转移到狗的需求上，却难以对伴侣做同样的事呢？

　　洛莉这样解释她认为的区别："狗做出一些令我恼火的事是一回事，但我丈夫坚持做那些明知道会让我恼火的事是另一回事！狗不通人事，但我丈夫明白。他选择不帮助我，恰好表明了在他心里，我多么没有地位。"当她这么说的时候，声音中的痛苦显而易见。她感到了丈夫对她全然的拒绝。

　　我们不想无视洛莉感受到的痛苦，它是如此真实。然而，根据我们的经验，在这种情况下能解决人们痛苦的办法，与我们持有内向思维时能提出的解决方法恰好相反。

　　让我们设想一下。在此时，如同其他所有时候，洛莉面临一个根本性的选择：她可以选择忽略丈夫的迟钝，接受和感知他的需要和目标；她也可以用丈夫的迟钝为理由，心安理得地不考虑丈夫正在经历些什么。丈夫对她也一样，也有同样的选择。

　　我们完全能理解洛莉或她丈夫可能会选择后者，也就是坚持内向思维模式。我们自己也曾经做过许多同样的选择，所以我们理解为什么一个人有时候会感到自己是被迫采取了向内思维模式。然而，出于同样的原因，我们也了解这种选择的后果。

　　用洛莉的狗的故事作为类比。我们可以试着帮助面对困难的"公爵"，即使它的行为令我们恼怒；我们也可以愤怒地试图让"公爵"停止恼人的行动。前者把我们从不在意别人的人变成在意别人的人，而这种改变也会引发别人做出改变。而后者仅会激怒别人，让他们故意继续做让我们恼怒的事情。而当他们这么做时，他们持续的迟钝又给了我们保持愤怒的理由。

我们凭什么要求别人对我们的态度与我们对他们的不同？当我们的思维模式是内向的时候，我们的想法自相矛盾又不合情理：我很心烦，因为你正在做跟我一模一样的事！我们为什么抱着这种不合情理的想法不放？因为我们相信，我们只是在别人先这样做的情况下才不得已这样做。我们自己的行为完全是对别人的回应。与此相反，我们却相信他们可以选择不同的做法。如果我们不这样想，就不会感到愤怒。我们自己的沮丧和愤怒只是这种信念情绪化的表现，却把它作为别人只要愿意就可以改变的证据。

有意思的是，当我们相信我们所指责的人应该为坏关系负责时，却否认自己有任何责任。我们为了换取一个正当的理由，以及（在我们思想里）自己的无辜，把自己关进了"我对此无能为力"的监牢。我们总是惹得我们生活中的狗持续吠叫，然后去指责它们没能停止吠叫。我们难以入睡，但当我们在黑暗中苦熬的时候，我们仍然自我安慰，无法入睡都是别人的错误。我们也许很累，但至少感到自己占理。

当两个或更多个人这样对待彼此的时候，关系就如下图：

内向思维模式下的人际关系图

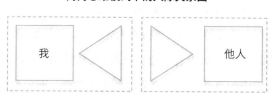

这种关系中，没有一方考虑另一方的需求和目标，双方都只沉浸在他们自己的事情里。因此，每一方都有可能做出不利于对方的事，强化对方的内向思维模式。

如果双方一直都不在意对方的问题，那么不可避免地，一方或双方必将把对方踩到脚痛，让对方的问题雪上加霜。这倒不一定是恶意的，在许多情况下，这只是不在意的必然结果。结果，双方互相指责，以对方的苛待来为自己苛待对方辩护。当事方试图各自拉拢盟友来增强自己的正当感时，导致功能失调的内向思维会在组织中扩散。自我辩护的、内向思维的叙事方式使组织中难以合作、派系林立。

那么，解决这个难题的方法是什么？从下一章起直至本书的最后一章，我们将介绍一个思维框架和已经证明行之有效的实施策略，帮助个人、团队和组织完成思维模式的转变。然而，在正式开始之前，我们想要消除一个会阻碍人们转变思维模式的迷思。

人们很容易认为，转变思维模式的目标是让每个人都以外向思维模式向彼此敞开心扉。然而，事实上，我们发现，如果把目标定位为帮助人们把思维关注点转向他人，但并不期望他人也同样改变思维模式时，效果会更好。

为什么？

因为转变思维模式的最大障碍是那种自然的、内向思维的倾向，就是在自己行动之前，等待别人先改变。这恰恰是一个陷阱。洛莉在对待她的狗时没有中招，在对待她的伴侣时却掉了下去。它也是组织中的自然陷阱。高管想要别人改变，而雇员们则等待领导们先改变。父母想要孩子改变，而孩子则想要父母先改变。伴侣们，比如洛莉和她的丈夫，彼此等待着对方的变化。

每个人都等待。

所以什么也没有改变。

讽刺的是，最需要改变的，正是我们的内向思维要求别人先改变的想法。这个改变——我们正在等待别人做的、洛莉对她的狗所做的——恰好就是我们坚决不愿意做的改变。如下图所示：

最重要的举动示意图

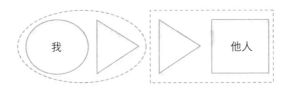

此图表说明了，任何改变思维模式的主要目标应该是：帮助人们改变自己的思维方式，即使对方还没有准备好做出改变。如果每个人在工作中都转变成为外向思维模式，我们的组织会更好吗？是！但是没有一个图表比此图更好地说明这种完美状态——在这张图中，一个人不需要他人先改变来支撑自己的改变。

想想吧，此图中发生了什么。一个人不再把对方的内向思维模式作为不善待对方的借口。这里的对方可能是客户、同事、家庭成员或社区成员。无论对方的思维模式如何，改变的一方仍然会关心对方的"外部三角形"，也就是对方的目标、挑战和问题。改变的一方考虑了对方的需求，并据此修改自己的行为。对方的行为不会削弱本方维持外向思维的决心。对方可能是一个难以相处的人，但仍然是一个人——这是改变的一方将努力记住并据此行动的事实。

以这种方式工作的警察，不会因为社区居民说警察的坏话或抵制警察的工作而责备他们。他们并不把"改变"社区当作警察的工作。相反，无论社区居民采取什么行动，他们都会将社区成员视为人而不是物品——因为他们确实就是人。一个决心以这种方式运作的警察部门会在部门内提供支持，协助本部门人员保持外向思维模式，甚至，或说尤其是当他们周围的人都明确地以内向思维模式对待他们时。

你可能担心这种向外思维模式会使警察或其他人更容易受伤甚至遇害。在工作中，你可能担心这样的人更有可能被占便宜。在家庭中，你可能会担心主动改变的人会受到身体或精神上的虐待。

但这些担心，还是来源于对"最重要的举动"这张图的误解。再看看这张图，将其与之前的"内向思维模式下的人际关系图"进行比较。假设你是图中左侧的人，哪种情况更不安全？是背向他人、不关心他人身上发生了什么事，还是面对他人、充分意识到他人所关心的事以及其目标和行动？

认为外向思维模式会使一个人无视现实或在面对恶行时软弱无为的人，误解了我们介绍的"最重要的举动"。事实上，使人看不清现实和更不安全的，不是持续关注他人的外向思维模式，而是将注意力从别人身上转开的内向思维。

从事高危工作的人最了解这一点。他们知道，他们的生命安全和任务成功，都仰赖于充分了解总体情境的能力。齐普·胡特，我们在第一章中写到过的特警警长说，警察们经常问他，把他人视为人，难道不会使警察降低防御或变软弱，从而使自己更加危险吗？齐普回应说，情况恰恰相反。

"当我把别人当作人，并尊重他们的人性时，"齐普说，"我是在尊重他们作为一个人的全部潜力——做出从伟大高尚到穷凶极恶的各种事情。把别人看作人，让我认识到他们行事的全部可能性，这使我能够对他们可能做的危险事情做更多准备，而不是更少。我过去以为能让我更安全的事情——警惕地保持内向思维——实际上损害了我和他人的安全。"他补充说，"当我们走出内向思维的盒子，看到真实的他人和环境而不是只靠想象时，我们可以获得真正的成效。如果没有外向思维模式，你就不可能这样做。"

正如齐普所说，外向思维不会使我们软弱。它只是让我们变得开放、好奇和保持觉察。同理，内向思维不会使我们坚强。我们在任何一种思维模式下都可以采取或软或硬的手段，虽然在每种情况下我们的动机会有很大的不同。

下表列出了我们可能在每种思维模式下采取不同的硬和软的行为。你可以参考列表，看看哪些更符合你的行为。例如，你倾向于更硬还是更软的行为？当你的思维模式向内时，你的行为是表中的哪些？

行为比较表

外向思维模式

硬行为

当把他人当作人时，我们：

- 设立高期望
- 授予真正的责任
- 向其挑战
- 给予有益的改正意见
- 给予直接的反馈
- 进行必要的艰难的谈话

软行为

当把他人当作人时，我们：

- 倾听并学习
- 提供帮助
- 让他人参与进来
- 承认错误
- 容易接受他人的纠正
- 展示真诚的欣赏

内向思维模式

硬行为

当把他人当作工具时，我们：

- 操纵
- 威胁
- 控制

当把他人当作障碍物时，我们：

- 非难
- 归咎
- 惩罚

当把他人当作不相干的东西时，我们：

- 忽略
- 排斥
- 轻视

软行为

当把他人当作工具时，我们：

- 纵容
- 迎合
- 试图获得喜爱

当把他人当作障碍物时，我们：

- 应付
- 逃避
- 离开

当把他人当作不相干的东西时，我们：

- 维持表面的亲切
- 几乎不给予反馈

内向思维方式下所做的行为，可以给我们启发。它们可以帮助我们区分自己和他人并开始关注自己。在下面的"内向思维模式图"中，倾向于认为"我优越"或"我应得"类型的人，更倾向于采取内向思维模式下的硬行为，而那些偏向认为"我不行"或"我害怕"类型的人，更倾向于采取内向思维模式下的软行为。

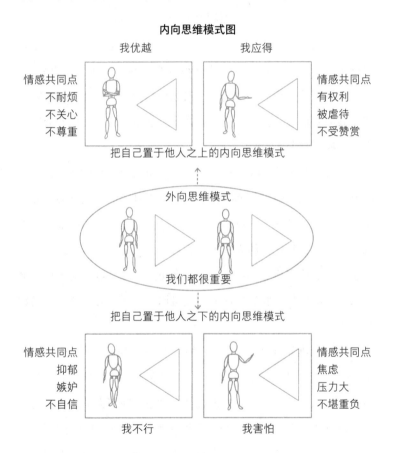

内向思维模式图

我优越　　　　　　　　　我应得

情感共同点　　　　　　　　　　情感共同点
不耐烦　　　　　　　　　　有权利
不关心　　　　　　　　　　被虐待
不尊重　　　　　　　　　　不受赞赏

把自己置于他人之上的内向思维模式

外向思维模式

我们都很重要

把自己置于他人之下的内向思维模式

情感共同点　　　　　　　　　　情感共同点
抑郁　　　　　　　　　　焦虑
嫉妒　　　　　　　　　　压力大
不自信　　　　　　　　　不堪重负

我不行　　　　　　　　　我害怕

这些内向思维的类型同样适用于个人和组织。图中顶部的两种类型——"我优越"和"我应得"——把自己放在了他人之上。我们感觉自己比别人更好，因此拔高了自己的目标和需求，几乎不愿意考虑别人的愿望。当我们感到自己比别人优越时，经常也会觉得应该获得别人不应得的东西——更多的欣赏、更多的道歉、更多的空闲时间、更多愉悦的客户和更多的钱等等。

组织也可能采用这样的立场，感觉自己比竞争对手，甚至客户都优越。它们也可能认为应该得到客户的忠诚和员工的奉献。成功的组织特别容易受到这种内向思维的影响，因为它们的表现似乎表明它们确实优于市场中的许多其他组织。它们可能会感到自己有权享有崇高的地位。

与其他内向思维模式的类型一样，"我优越"和"我应得"的类型也是巨大的陷阱。那些由相信现有卓越业绩、优秀的产品和服务使他们比其他人构成的组织优越的人，是自己的掘墓人。不以"优越"自我标榜的人和不认为自己有权安于现状的组织，反而会专注于让客户变得更好。他们会更努力、更聪明地工作，最终通过侧翼包抄战胜那些内向的并且因此变得三心二意的市场领导者。

内向思维模式图底部的两种类型——"我不行"和"我害怕"——把自己放在了别人之下。当我们感觉不如别人时，常常羡慕别人的好运和成功，觉得自己不合格。我们太关注自己的缺点，因此不能帮助别人。当我们以这种方式看待自己与别人时，我们常常急于避免让人们认为我们比别人差，于是呈现出"我害怕"的内向思维模式类型。

以"我不行"为特征的组织中，人们可能花费无尽的时间重新思考和重塑组织——组织结构、产品等，却牺牲掉与客户接洽、了解他们的需求的时间。这种类型的组织跛行在市场的尾端，它们的雇员前来上班，但对组织和未来毫无热情。

落入"我害怕"类型内向思维的个人和组织，因为太急切去上演精彩的戏，除了使自己看上去不错以外，并不能真正专注于帮助别人。他们忽略、无视或否认自己的问题，不太可能真正地去帮助别人。

所有这些内向思维的类型，都把我们和他人分割开来，让我们专注于自己。这些思维把他人变成了物品，也让我们一直忙于自我辩解，无法成为本可以成为的更好的人。

那么，我们该如何把自己和组织从这些专注自我的内向思维模式中摆脱出来？我们该如何成功地实施本章中讨论的"最重要的举动"？从下一章开始，我们会构建一个框架，用来避免内向思维模式以及在个人和组织层面实现外向思维模式。

第八章

外向思维的团队和组织

现在，我们已经整体上介绍了外向思维模式，如下图所示：

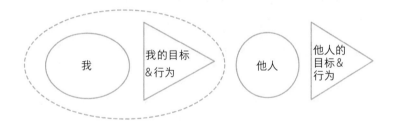

在组织中，我们被不同类型的"他人"包围，对不同的"他人"也有着不同的责任。例如，工作中，我们对客户（内部的或外部的）有某种责任，对同事和工作团队有另一种责任，我们还有对下属和上级的责任。生活中，我们对父母、伴侣、孩子、兄弟姐妹、邻居和其他人都有不同种类的责任。

根据我们和机构客户交往的工作经验，大多数情况下，外向思维方式在四个基本方向上起作用。我们用下面的"工作中的外向思维模式图"描述这些方向。（当人们在个人生活中应用这个图表时，通常包括四个以上的方向。）现在我们用这个图分析在组织中工作的个人，即我们在工作中的角色。在后面的章节中，我们还将把相同的框架应用到团队和企业。

工作中的外向思维模式图

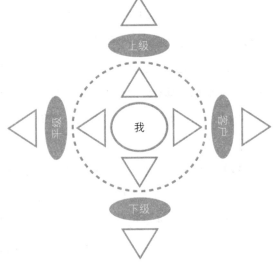

在这张图中，里面一圈的三角形代表我们在工作的每个方向上要做的事。你可以认为里圈三角形的总和代表了我们在工作中要做的所有事情。外圈的三角形代表了这组人想要做什么——他们的目标、挑战、计划和活动，比如我们客户的，当然也包括图中其他方向的人想要做的事。当我们用外向思维工作时，这些其他人对我们很重要，因此，我们采用能帮助他们获得成功的方式工作。我们感到不仅对自己的工作负责，也对每个方向上的他人负责。

让我们看一下一家名为 CFS2 的讨债公司的故事。只是听到讨债一词，就让人联想到他们会采取内向思维模式对待他人。但 CFS2 却十分不同。比尔·巴特曼（Bill Bartmann）曾经在陷入困境的时候被讨债公司困扰，因此他想要找到一种不同的讨债方式。他的公司经营的前提是，欠他们钱的人之所以欠债，是因为他们确实没有足够的钱。一种方法——一种关注内部三角形、内向思维的方法——狠狠打击这些人，直到挤出可以从他们那里获得的最后一点东西。相反地，具有外向思维的个人和组织却会从思考这些人面对的困境开始。他们对这些人的外部三角形中的挑战感兴趣。

比尔·巴特曼和他的员工采取了外向思维的方法。他们不是通过压榨客户，而是通过弄清楚怎样帮助客户赚钱来收债。比尔要求他的整个工作团队开始头脑风暴，试验如何帮助他们的客户找到工作。起初，他们尝试建议客户该去做什么，但这似乎并不怎么管用。他们一起思考如何才能对客户更有帮助，一个员工通过观察提供了这样的意见：“他们没法承担如此沉重的任务——他们被打趴下，没有东山再起的勇气和意愿了。”[①]

因此，CFS2 的员工开始为他们的客户写简历。他们开始为客

---

① 《帮你找工作的讨债公司》（The Debt Collection Agency that Helps You Get a Job），《哈佛商业评论》（Harvard Business Review），2013 年 8 月 16 日版，作者莎拉·格林·卡迈克尔（Sarah Green Carmichael）。

户寻找工作机会，安排面试时间。他们对客户进行模拟面试，帮助他们为真正的面试做好准备。他们甚至开始在面试当天早上打电话给客户，让他们及时起床赶上面试！

从此以后，他们开始尝试更多方式来帮助客户。客户的任何麻烦都成为他们提供帮助的机会。在接受《哈佛商业评论》采访时，比尔谈到了他们现在收到的各种请求——从食品券到儿童看护，再到家庭维修等。CFS2已经物色了大量现成的、能提供各种帮助的组织，引入了这些组织来满足客户的需求。所有这些都是免费的。事实上，比尔奖励员工的标准不是收回了多少债务，而是给客户提供多少免费服务！

从内部三角形出发看，这么做疯狂至极。但事实胜于雄辩。在进入这个行业仅仅3年之后，CFS2已经取得了业内任何其他公司至少两倍的业绩。客户感受到了CFS2的帮助，甚至说被CFS2拯救。现在他们有了钱，有能力向CFS2偿还以前的欠款。而且，CFS2已经成为他们的合作伙伴甚至朋友，他们也愿意向CFS2还债。通过建立一个专注于外部三角形、外向思维的公司，比尔·巴特曼和他的团队不仅在过去一直采用内向思维的行业里立足，还颠覆了整个行业。

当我们向世界上最大的技术公司之一的顶尖的销售部门讲述这个故事时，其中一位销售主管说："好吧，但你要懂得：我必须完成销售指标。"他的意思是，这听起来很好，但在现实世界中，由于有销售指标之类的束缚，他并不能自由施展。这位先生喜欢比尔·巴特曼和他的公司的故事，也许还想过以同样的方式工作，但他认为CFS2的方式不能帮助他完成公司给他定的目标。

　　然而，这种拒绝是误解了"工作中的外向思维模式图"的含义。为了理解为什么说这是误解，我们首先介绍与之对立的"工作中的内向思维模式图"。

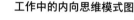

工作中的内向思维模式图

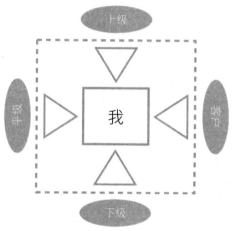

　　首先，你会注意到在"工作中的内向思维模式图"中没有外圈三角形。这样画的原因是，当我们采用内向思维时，我们的关注重点是我们需要别人为我们做什么，以便实现我们的目标——也就是我们需要从别人，比如我们的客户、直接下属、平级、上司，或我们的伴侣、孩子、邻居那里得到什么。当我们采用内向思维时，我们主要考虑别人对我们的影响，而不是我们对他们的影响。就拿这家技术公司的销售主管来说，他的观点是，他需要客户支付一定数量的钱以便完成年度指标。这就是他需要客户做的。对他来说，好像销售指标迫使他使用内向思维模式。

但是这么想有一个问题：客户的目标并不是开支票——尤其是大额支票——给这家技术公司。他们不会闲坐着说："我的目标就是给这家公司一些钱，让我们想想怎么花钱。"客户有他们需要解决的问题，也乐意为有效解决问题的方案付钱。但他们是在寻找解决方案，而不是寻找开支票的机会。

这个道理如此明显，应该是不言而喻的。但每当我们的思维方式转为内向、背向客户（或他人）时，我们实际上就盲目到忽略了这个基本真理。这是我们亚宾泽协会幸运地及时学到的一个教训，它避免了我们的公司胎死腹中。

故事是这样的。在亚宾泽协会正式创建以前，我们这些成员放弃了以前的职业。我们一致认为是独一无二的革命性工作把我们聚在一起。我们面临的挑战是，在学术界之外，很少有人知道这项工作内容。我们有自认为是世界上最好的知识，却没有客户。有一次，我们的这个小型初创公司作为30家候选之一，被邀请去参加一个大型文化变革计划的投标。我们当时没有收入，靠着各自的储蓄生活，但我们把全部时间都投入到方案设计中。在我们把方案发送给潜在客户的那一天，我们面面相觑，想知道下一步该做什么。一个人说："我想不出要做什么。要不去游泳吧。"所以我们去游了泳，心中怀抱中标的希望。

几个星期后，我们收到了信息，我们是入围最终候选名单的3家公司之一。入围者除了亚宾泽（正如我们所说，当时完全不为人所知）以外，还有两家全世界最知名的培训与咨询公司。这家潜在的客户告诉我们，3家入围公司中的每家都有两个小时的时间向负责最终选聘的委员会介绍方案。我们从小道消息听说，公司的人力资源副总裁曾说，他愿意选用其他两家公司中的任何一家，但不想承担引入一家完全不知名的公司导致项目失败的责任。他不愿暴露在这样的风险中。所以我们大致意识到了我们将面临的困难。

当我们在休息室里等待出场演示时，我们的心提到了嗓子眼。我们能感到世界级的伟大高尔夫球运动员李·特雷维诺（Lee Trevino）说出"推杆一事，在事关金钱的那一刻，就变得非常困难"这句话时的感受。也就是说，我们在担心自己。像那位因销售指标压力而悲叹的销售主管一样，我们对客户关系的看法与我们的主张背道而驰：我们很紧张，因为我们需要他们的钱，害怕如果没能好好地完成演示，他们一分钱也不会给我们。我们心中的目标是自己的，不是客户的。我们即将向他们演示外向思维模式，而此时的思维却完全是内向的。

幸运的是，我们中的一个人意识到发生了什么，他提醒了我们。"伙计们，"他说，"我们所有人应该清楚一点：我们不知道是否会得到这份合同，这不是我们能控制的。然而，我们知道的是，我们有两个小时可以尽我们所能帮助坐在会议室里的15个人。这也许就是我们唯一一次与他们会面的机会。让我们在这两个小时中专注于尽力帮助他们怎么样？"

这种认知重塑拯救了我们。它当即拨开了自我关注的迷雾，把我们的关注点重新定位到客户——帮助他们应对他们的挑战。如果只有两个小时与他们在一起，我们希望这两个小时能为这15

个人和他们的公司带来积极的变化。结果，我们赢得了合同。

回想起来，赢得这份合同很可能是亚宾泽早期能够存活下来的关键。值得玩味的是，我们公司受益于把自己公司的利益置之度外。

那位感到被销售指标逼成了内向思维的销售主管的错误之处在于，对他来说，指标意味着他被迫以一种内向思维模式工作。然而，他说的并非真理，而是一个借口。无论有无指标，客户寻找的都只是解决方案。他的问题，与我们站在那个休息室时面对的问题是一样的，那就是，究竟谁的需求和目标——客户的还是自己的——才是应该关注的？

第九章

虚假的外向性

激烈的市场竞争，迫使公司考虑自己的行为对客户的影响。大多数公司因此非常重视客户服务和客户满意度。但是，对客户满意度的关注并不等于对客户的关注。两者可以非常不同。

衡量个人或组织是否以外向思维工作，一个最有效的方法就是看公司中的人员在工作中朝着其他方向上的人工作的程度，例如，他们的平级、直接下属以及上级。让我们看几个例子。

第一个例子来自我们与麦迪逊广场花园体育馆（MSG）体育部门的合作。在撰写本书时，斯科特·奥尼尔（Scott O'Neil）是费城76人队、新泽西魔鬼队和多用途体育馆保德信中心的CEO，他领导着MSG的体育部门。除此之外，他的团队负责运营纽约尼克斯队、纽约自由人队和纽约游骑兵队的比赛，所有这些球队的比赛都在标志性的麦迪逊广场花园体育馆举行。

我们首次与斯科特会面时，他带我们去了纽约州的西点镇，帮助他的整个领导团队完成外向思维模式转型。我们在哈德逊河畔历史悠久的德尔酒店（Thayer Hotel）聚集。我们的第一次会议进行到两三个小时的时候，我们问了 MSG 体育的领导团队一个问题，激发了一系列非常重要的发现。这个问题是："这个组织中的哪些人或群体最可能觉得自己被当作物品对待？"

领导团队在会上列出候选群体，他们惊讶地意识到，SMG 中最可能被当作物品的，恰是与客户最接近的人——SMG 的检票员和引座员。领导团队认为这些团队很可能感到被忽视、被低估，并视之为理所当然。这让他们突然感到担心。如果组织中直接接触客户的人被视为物品，他们会怎样看待和对待客户？领导团队立刻凭直觉看到了实质：如果我们使用内向思维对待为客户服务的同事，我们便没有真正的外向的、朝向客户的思维。

我们从一家经营着许多医院的医疗保健客户那里知道了同样的故事。他们的急诊室里最感到被视为物品对待的，是那些患者一进入急诊室就接触的、塑造了患者进入医院最初体验的人。这些人做着在前台为病人登记、处理各种保险事务等工作。顾名思义，医疗行业称呼这些员工为"辅助人员"。想想这个词语，它表达了什么——辅助。当医生、护士和技术人员想到这些员工基于"辅助人员"这样的头衔会怎样界定自己的角色时，他们和 MSG 的领导团队一样，仅凭直觉就看到了实质：病人在他们医院的体验，不可能比那些被认为是"辅助人员"的人更好。一个方向上的内向思维模式几乎总是意味着在其他方向上也是某种程度上的内向思维模式。

我们与一家大型电信公司合作的例子为这个洞察增加了有趣

的细节。这家公司呼叫中心的员工全天都与新客户交流。他们帮助这些客户解决电信问题，卖给他们服务套餐。基于经验，他们注意到，如果电话在20秒内没有被接听，客户就开始变得不耐烦。经过一些研究验证后，呼叫中心的领导劳拉（Laura）提出了一项新计划：她的团队将在15秒或更短的时间内接听所有电话。她安装了一个大电子板来显示所有呼叫者的等待时间。每个操作员在与他们当前的客户交谈时也注意着屏幕上的时间，以确保在15秒之内接听新呼叫。

这是一个激进而困难的目标，要求他们比过去更有效和更快速地完成通话。尽管面临挑战，整个团队却因为感到他们的努力将改善客户体验而干劲十足。

然而，尽管有着良好的意图，他们却没能改善客户体验。虽然他们考虑了客户的外部三角形中一个特定愿望——电话迅速被接听——但他们错误地把单一愿望当成了全部。结果，他们没有考虑到努力提高呼叫周转率可能对公司其他部门的影响，反而给客户造成了麻烦。

兰迪（Randy）领导的安装部门负责处理劳拉团队接到的订单。他们并不喜欢这一改变。他们到达工作现场时才发现，呼叫中心的操作员获得的信息要么是错误的，要么并不完整，这种情况成为家常便饭。因此，他们常常由于出车的卡车上没有合适的设备而不能完成工作。事实上，他们的统计数据显示，只有57%的工作能在初次出车时完成。想想吧，将近一半的本应该一次出车完成的工作需要两次或更多次完成。正如我们所说的，兰迪的团队并不高兴，客户也不高兴。

问题的本质是，尽管劳拉的团队有良好的意图，却只考虑了部分责任。他们确实在为客户考虑，但没有给予同事足够的关注。因此，他们甚至对自己的行为对客户的影响也茫然无知。

在心理上，劳拉和她的团队可能认为自己用外向思维模式对待客户。然而，由于他们并不真正关心客户是否获得了实际的帮助，而只是为了让自己的内部三角形"感觉良好"，因此他们的思维只是披着外向思维的皮的内向思维。

我们非常熟悉这个案例，因为我们自己的工作经历同样提醒过我们——亚宾泽的顾问，也曾经在工作中和劳拉团队一样，使用着内向思维。例如，我们工作的一部分是培训客户的员工，让他们作为内部专家，协助我们开办研讨会，在组织内推广外向思维。这一切都很好。直到几年之前，如果你通过了我们培训讲师的课程，你会爱上这段经历，并对将所学教给别人的技能感到兴奋。培训结束时，我们会说："感谢您来！我们希望您认为这次培训对您个人和您的组织都是振奋人心且有帮助的。祝您好运！"然后我们会对着彼此微笑，可能还会拍几张照片，再拍拍对方的后背。我们会邀请你保持联系，但这不过意味着不要成为陌生人。然后你就被移开了。祝，你，好，运。

那么，这有什么问题吗？你会喜欢我们。你会在我们的客户满意度调查中给出高分。你甚至会给我们一个超高的净推荐值。你们很多人会为了获得这样的经历、知识和许可证支付给我们许多钱。按任何一个标准衡量，我们都是一等一地好。我们知道这些，我们有数据。多年来，我们一直庆贺自己做得很好。

但是有一天我们意识到：我们彻底地失败了。

我们做的一切都反了。客户在我们的眼里并不是人——并不是真的人，即使我们喜欢他们，他们也喜欢我们（就像人们可以喜欢车一样，只要它能提供我们想要的）。我们不是真的想帮助别人。我们真正喜欢的是手里的工作。我们喜欢自己的创造，喜欢把它拿来与人分享。我们喜欢"他们喜欢我们的东西"。而我们爱上的只是我们正在做的事务。

我们被完全地、孤立地包裹在了自己的内部三角形里。就像劳拉和她的团队一样，我们对为客户做的所有好事感觉良好。同样，与劳拉和她的团队一样，我们并没有足够关心客户，并没有去看看我们的工作是否真的帮助了他们。我们搞混了客户对培训体验的满意度和客户对真正有用经历的满意度。

我们的客户既不是为了接受培训或咨询，也不是为了接受辅导而付费。他们来我们这里是为了从这些培训、咨询和辅导中获得投资回报。也就是说，他们不是为我们所做的事本身付费，而是为我们所做的事产生的效果付费。

但是我们不会追究自己的责任。亚宾泽是一家友好亲切的内向思维公司，通过把所做的事情看作是有内在价值的，伪装成外向思维公司。除了一些逸事，我们没有真正注意到我们的对外影响。我们喜欢自己所做的工作，觉得客户也应该喜欢。这样的我们看起来就像下图：

"虚假外向"的内向思维

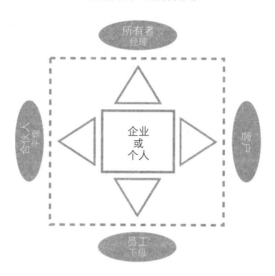

请注意在这种情况下，图中的任何方向上都缺少外部三角形。然而，内部三角形却是向外的。此图表描述了内向思维的个人或组织如何让自己看起来像是外向思维的。他们感觉自己并没有像标准的内向思维模式图那样，以自我为中心，三角形指向内部。他们觉得自己总是在为别人做好事，也真的相信自己是面向外部的。事实上，当别人质疑他们的个人生活或工作时，由内向思维模式主导的人几乎会立刻指出他们做的一切好事——既有泛泛的好事，又会特别指出他们为指责自己的个人或群体所做的事。"看看我为你所做的一切！"他们可能会这么说来为自己辩护，"你竟然没注意到，更别说感激了"。

再来看看我们的一位同事的经历。一天晚上，乔·巴特利

（Joe Bartley，当时是三个孩子雅各、安娜和莎拉的父亲）哄他的女儿们上床睡觉。在给4岁的莎拉盖上被子之后，他转向了6岁的安娜。安娜像胎儿一样蜷缩着，面朝墙背对着乔。乔俯身去把被子塞在她和墙壁之间。他做完这些，正要转身离开房间时，听到安娜在低声说着些什么。他听不清她说什么，但她肯定对他说了一些话。

"什么事，亲爱的？"乔问，弯下腰来听。

"你不像爱雅各那样爱我。"安娜重复道，她的声音低得几乎听不见。乔一时被这句话震惊了。他立刻就意识到安娜确实情绪低落。"我当然一样爱你。"他向她保证。"不，你不。"她低声说。乔犹豫了一下，终于问道："你为什么这么说？"安娜没有动，"你不和我一起玩，只和雅各玩。"

"我当然有，"乔为自己辩护，"每天晚上我下班回家后，我们都会出去一起打篮球。"（注意他的辩解，他讲到自己所做的事——这也是他在自己内部三角形的努力。）"我不喜欢篮球。"安娜低声说。

直到今天，乔还经常回顾这段经历。"我曾是什么样的父亲啊，"他感到惊讶，"我不知道小女孩不喜欢篮球？事实是，喜欢篮球的是我，而我把跟孩子一起做我喜欢的事，算作我对她们良好养育的一部分。但安娜帮助我认识到，我没有真正关注孩子们。我做了我想和她们一起做的事，但没有关心她们想做什么。我是一个仿佛持有外向思维的，甚至看上去还有趣有爱心，但其实是有着内向思维的父亲。"

那些肩负为别人做事职责的人，很容易陷入这种陷阱。在直接提供服务的行业，比如医疗保健或消防，他们在为他人提供关键和有用的服务，标准的内向思维模式图可能并不适用于他们。因为它的内部三角形的尖角朝向内部，看上去仿佛一个持内向思维模式的人只可能为自己做事一样。这对家庭中承担主要看护责任的人也同样适用。根据我们的经验，担当这些角色的人对自己的看法，常常符合这种"虚假外向"版本的内向思维。一个人或组织可能真的正在做有益于他人的事情。可是，这样的人或组织仍有可能只是在做他们认为会使他人受益的事情，即使他们有可能恰好做的就是别人真正想要他们做的事情。

这是两种截然不同的思维模式。前一个版本我们并不需要了解其他人的外部三角形，因为我们自以为已经完全知道了。这就是为什么它本质上还是一种内向思维模式。而后一个版本是我们亚宾泽希望达到的。我们需要真正地从外部三角形——其他人的需要和愿望——而不是我们自己内部三角形的愿望和计划开始思考。

那么，用后一种方式开展工作到底意味着什么？这就是我们正要介绍的方法，它能够让我们受到外向思维的启发，清晰地意识到需要做的事情。

更倾向于内向思维的个人和组织会展示出特定的行为模式，外向思维的人和组织也一样，这些模式正好彼此相反。对于我们亚宾泽，开始成为一个外向思维的组织的第一步，就是识别出一直以来都在奉行的内向思维模式。要增加我们的外向性，就需要我们反转这种内向思维模式。

第三部分

如何转向外向思维

第八章提到的工作中的内向和外向思维模式图，揭示了内向和外向思维模式的运作方式。我们先介绍内向思维模式的运作方式，这种我们在亚宾泽时曾从自己身上发现的方式。

内向思维模式的运作方式

内向思维的个人和组织，用我们称为"内部—外部—进入"的方式处理问题，即从内部三角形开始，先移动到外部三角形，最后移回到内部三角形。为了进一步考虑这种模式，让我们回想一下第八章提到的那位担心销售指标的销售主管。他把完成销售指标作为需要实现的内部三角形目标。（这是内向思维运作方式中的第一步：内部。）这意味着，他需要客户购头足够多的产品，以满足或超过他的指标。（这是内向思维运作方式中的第二步：外部。）然后，他必须盯着客户的钱包，确保客户按照他的需要采购，以便实现他的目标。（这是内向思维运作方式中的第三步：进入。它在图中由箭头表示。）

一般地说，内向思维的个人和组织首先想到的是他们想要达到的结果，或者是他们自己内部三角形的目标（内部）。然后，他们再考虑他们需要别人——例如，他们的客户、同事、团队成员等——做什么，以便他们实现这些目标（外部）。最后，他们着手确保这些人的行动对自己有用；他们掌握别人正在做的事的信息，以便根据需要管理他们的活动（进入）。同上，这第三步的"进入"由上图中的弧形箭头表示，它将外部三角形连接到了内部三角形。

内向思维的运作方式是"内部—外部—进入"。在这种模式下，成功是由内部三角形的指标来衡量的——比如，客户付了我们多少钱，我们有多少客户，多少人参加我们的活动，等等。

你可能会想，大多数组织不正是这样运作的吗？你是对的。大多数组织以明显的内向思维行事。这倒不见得是出于不良意图，而仅仅是因为这么多年来他们就是这样运转的。激增的系统和流程，也是建立在认为别人是物品而不是人这种未被认识到的假设之上。

我们的一个客户与他的一个朋友聊了聊，这位朋友是一家大型卡车公司的人力资源部二把手。该公司雇用了7,000名卡车司机，人才流失问题非常严重。他们每年的司机流失率是160%！这个数字震撼了我们的客户。"如果你们的流失率那么高，"他说，"那么你们的主业就不是货运，而是培训了。你们最好找个办法摆脱培训，回到货运业务，否则你们很快就得停业了。"

在类似这样的情况下，我们预测企业会下意识地以内向思维方式做出回应。他们说："我们面临一个大问题。这些卡车司机正在占我们培训的便宜，培训完就离开。我们需要弄清楚如何让他们留下来。"请注意，这里的"问题"是从内部三角形出发定义的——以我们自己的痛苦，而不是其他人可能的痛苦或需求来定义的。如果一家外向思维的公司遇到同样的挑战，则会立即想知道这些卡车司机从本公司想要却没有得到的东西是什么。公司领导开始对卡车司机产生强烈的好奇——他们的生活、需求、期望、忧虑，等等。然后，他们会找出一个更有效的办法帮助司机们解决这些问题。

同样的内向思维的运作方式也可能在家庭中占主导地位，尤其是当伴侣或孩子主要被看作需要管理的对象时，或是当孩子试图操纵他们的父母以获得想要的东西时，或是当一个家庭成员似乎无视自己对他人的影响时。这些情况在伊万·科尼亚（Ivan

Cornia）和他的父亲威廉的故事中得到了充分展示。

伊万出生于1929年。在大萧条期间，他的父亲威廉早上和晚上在家庭农场干活，而白天则去看守当地的运河。威廉白天工作地方的老板是一个非常苛刻的人，威廉下班回家时常常带着怒火。他试图在酒瓶子里寻找避难所，但愤怒和酒精的结合却驱使他去施加暴力——从家庭农场里的动物开始。例如，有一次，当他给一匹马换马蹄铁时，马掌猛地一拉，在威廉的腿上撕开一道口子。他跳起来，抓住金属锉，一把向马的颅骨扎下去。年轻的伊万当时正拽着那匹马的缰绳，540千克重的马身砸在了他脚边的地上。伊万觉得，这匹马死定了。

伊万还目睹了他的父亲殴打其他动物——羊、牛、狗等，从此伊万生活在无止境的恐惧之下，担心自己会成为父亲手中的下一个牺牲品。

一个清晨，伊万和父亲一同在谷仓里工作。伊万在挤奶，他在处理其他杂事。伊万正在挤奶的时候，旁边的牛摇了一下尾巴，尾巴恰好扫到了伊万。牛尾的尖端有一些毛刺，其中的一个恰好扎了伊万的眼睛。出于本能，伊万跳了起来，抓住刚才坐着的金属挤奶凳，一边大声地骂着从父亲那听到过的污言秽语，一边疯狂地砸向那头牛，简直要把它砸成肉泥。当他砸累了，他把挤奶凳放回另一头母牛旁边，一屁股瘫在上面，准备继续挤奶。但是，他突然感觉到了恐惧：他刚刚打死的奶牛是父亲最喜欢的，而他的父亲就在他身后半米远的地方。伊万开始颤抖，在凳子上又瘫下去了一些。他把头埋在牛的腹部，等待，心跳如鼓。他确定这次轮到自己挨揍了。

但他的父亲没有来打他。除了伊万沉重的呼吸声，谷仓一片寂静。几分钟后，伊万的父亲静静地走过来，在儿子旁边放下一个凳子。沉默了几分钟之后，他终于开口："伊万，如果你不再做这种事情，我也不会再做了。"

当伊万在70年后回想起这个故事时，把它称为可能是关于爱的最伟大奇迹之一。"从那一刻起，"他说，"我就再也没有遇到一个比他更温柔、更乐于助人、更善良的人。"出于对儿子的爱和关怀，威廉·科尼亚一劳永逸地、完全地、不可逆转地改变了自己的生活，不再有暴力，不再有污秽的语言，不再有酒精。他几乎在瞬间就成了另一个人。

没有一个当时认识威廉·科尼亚的人能猜到，他竟可以做出这样的改变，尤其是一瞬间彻头彻尾的改变。他如何做到这一点？当他发现儿子的需要的时候，他找到了变不可能为可能的能力。在那一刻，以前他酗酒暴力的所有借口都靠不住了——严厉的老板、长时间的工作、糟糕的经济形势。当威廉看到伊万把母牛打得半死的时候，他知道儿子只是在模仿他。他也知道如果儿子继续这样下去会怎样。突然意识到自己对儿子的负面影响，使威廉从自我辩护的迷梦中醒了过来。虽然他不会用我们的模式来表达，但实际上，他一定被自己出于这种"内部—外部—进入"的行为方式来养育儿子和管理农场的结果震惊了。他从内向思维到外向思维的转变开始于真正关心另一个人的外部三角形的需要——转变总是这样开始的。

从对其他人的外部三角形中的目标的真正兴趣开始，外向思维模式的运作方式可以归纳为"外部—内部—输出"。以外向思维模式运作的个人和组织，首先关注他们需要负责的人的外部三角形（外部），进而重新考虑自己的内部三角形，使得它们对别人更有帮助（内部）。然后，他们通过关注自己的努力是否真正地帮助了别人，以及在多大程度上帮助了别人，来把内部三角形连回到他人的外部三角形，根据需要进行校正（输出）。

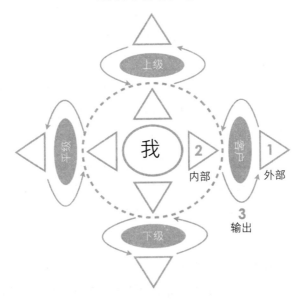

外向思维模式的运作方式

如果第八章中的销售主管能有外向思维，他就会认识到，他要达成的销售指标实际上不应该放在这个图里客户的方向上。指标是他的上级的外部三角形的一部分（来自公司领导）。这意味着，他之所以认为达到或超过指标很重要，是因为这是向他支付薪水的人的愿望。在和客户打交道时把销售指标置之度外，销售主管就可以全心地关注怎样帮助客户和潜在客户实现他们的目标，克服他们的挑战。事实证明，人们愿意为这些帮助付钱。然而，从外向思维出发，人们面对客户的动机就是帮助他们，并保证自己可以持续提供帮助。

相同的运作方式适用于此图的每个方向。对于客户，我们努力了解他们的需求、挑战和目标，以便我们能够帮助他们实现这些。对于公司里的平级同事，我们要确保了解他们正在努力实现的目标，以免成为他们的绊脚石或给他们制造麻烦，并在可能的情况下帮助他们。

对于我们的下属，我们努力了解他们，了解每一个人，也了解他们这个集体。我们想要了解他们怎样认识工作以及对职业有什么希望和期待。我们也会帮助他们了解自己的责任。他们需要知道，如果想在组织中取得成功，就要承诺将自己置于上面那个外向思维模式运作图的中心，为自己对每个利益相关方的影响负责。他们需要知道，并且会真正地体会到——我们将会帮助他们成功。

对于我们的上级，我们认为必须了解他们的挑战和目标，确保我们的努力与组织和管理上的优先级保持一致。

在内向思维的组织里，成功通常由内部三角形的指标来衡量，而外向思维的个人和组织则会注意一种额外的标准：对外部三角形的影响。例如，对于客户来说，内向思维方式衡量交付成果和收入。衡量本身没有错，外向思维的个人和组织也可能使用这样的衡量标准。然而，后者最关心的是对他人的影响，这意味着他们会找到方法评估自己的努力是否真正地帮助了别人。

如威廉和伊万·科尼亚的故事揭示的那样，外向思维方式从"向外移动"开始——对他人的需要、经验和目标的真正兴趣。这一种方法能区分自称的外向思维方式和真正的外向思维方式的个人和组织。这种向外移动不能是虚假的：一个人要么真正关心别人，要么不。真正关心他人的个人和组织能够实现那些不关心他人的个人和组织做不到的事情。这就是为什么在生活中，外向思维的人获得了内向思维的人无法企及的幸福水平。这也是为什么在商业中，外向思维带来竞争优势。

我们将在下一章中更深入地探讨如何向外转化。

第十一章

外部：真正的兴趣与好奇

一天，我们曾培训过的一个年轻的企业家艾米·斯特尔霍恩（Amy Stellhorn）致电我们，告诉我们一个大新闻。"外部三角形的胜利！"她说。

艾米是一家名为 Big Monocle 的创意机构的创始人和首席执行官，该公司位于加利福尼亚州红木城。她如何签下一份合同，并在一夜之间建立一个超级成功的公司的故事，展示了对外部三角形的关注的魔力。

2012 年 5 月，当时 32 岁的艾米辞去了一家大型设计公司创意副总裁的工作，正在和她两岁的儿子一起共度暑假。同时，她为英特尔做了一些项目。由于工作出色，她被介绍给当时的英特尔消费者综合营销经理珍妮弗·拉尔森（Jennifer Larson）。珍妮弗也负责开展英特尔的安全教育活动。英特尔正在纽约的大型机构中为该项目招标。由于同事们的推荐，珍妮弗也接触了 Big Monocle，当时这个名字还不是公司名，只是艾米为她的工作项目取的名字。

　　她们通过电话聊了几次。珍妮弗发现艾米超级有创意。虽然由于种种原因，她建议的想法都不可行，但珍妮弗鼓励她继续思考新的想法。她们约好在英特尔咖啡店见面。

　　此时，艾米充满创造力，她忙于制作介绍以前的工作和故事的演讲，也为英特尔安全项目提出了一些不同的想法。当她正忙着准备她的演讲时，她的教练却建议她停止制作幻灯片。

　　"与其用你做过的事情打动珍妮弗，"他说，"不如让我们想一想，如果你只是变得对她要做的事情、她的听众想要达成的目标非常感兴趣，那会怎么样？换句话说，不要在这次会议上只做一个内部三角形的介绍。不要试图打动她——因为这其实只是专注于你自己。试着帮助她。"

　　艾米在咖啡店见到珍妮弗时，既没有带幻灯片，也没有演示。她让自己深入理解珍妮弗的外部三角形以及英特尔公司对这个项目的目标。然后她温和地帮助詹妮弗考虑她的听众的外部三角形的兴趣和需要。他们想做什么？与其在项目中仅仅谈论我们的产品，不如想想我们能如何真正帮助他们。

　　她们在会议结束时都没写下什么可行的计划，但艾米获得了合同。她带给有着长期与各外包机构合作经验的珍妮弗一种独一无二的体验。当时，珍妮弗还不知怎么描述让艾米或她的方法脱颖而出的东西。后来，珍妮弗意识到，艾米只是帮助她在这个项目中引入了外向思维方式。这一个举动就释放了她从大机构中不能得到的创新和创造力水平。这就是为什么艾米感叹道："外部三角形的胜利！"

艾米和珍妮弗开始合作后，外向思维模式多次指引了她们前进的方向。"我们能做些什么来帮助人们更安全地上网？"她们问。"我们可以给他们哪些有价值的体验？"这些以外部三角形为中心的问题，让她们得出比经典营销手册更为丰富和引发客户共鸣的结论。

事实上，你可以实际参与艾米和珍妮弗设计的启动仪式。她们推出了一个测试——测测你的密码强度（test-your-password-strength）。在这个测试中，人们可以立即得到有关他们密码强度的反馈，还可以获得改进的建议。它很简单，但很有用，棒极了。

最终，用户在 Intel.com 上测试了 1,000,000 个密码，发送了 13,000 条推文，并且有 32,000 人次声称要更改密码。在这个小项目上，英特尔只花了 15 万美元。而通过这笔投入，他们获得了 5,800 万次曝光，每次曝光费用 0.2 美分，通常公司为每次曝光花费 50 美分到 1 美元。艾米和珍妮弗把这一费用直接拉低到 0.2 美分。这个小小的项目是如此成功，以至于它迅速获得英特尔高管团队的注意。该项目赢得了赞誉，甚至被全国播放的节目《今日秀》（The Today Show）提及。珍妮弗个人获得了通常颁发给整个团队的奖励，这也得到了全公司的认可。该奖项认为这项工作开创了英特尔做市场营销的一个新范例。他们还不明白的是，这种新的范式就是外向思维模式。这个范式，不仅可以改变营销方法，而且还可以改变战略、结构、系统、流程、问责和报告等。

比如，考虑一下这种思维模式对做预算的影响。我们受聘于一家大型电力公司，帮助他们缩短投资预算的流程。他们担心，许多领导每年花费过多的时间来计划明年的投资预算。他们想减少步骤，节省过程中花费的时间和金钱。那么这个组织该如何做呢？他们从外部三角形开始，实施"外部—内部—输出"的策略。

我们花了大约30分钟将预算编制流程分解为几个步骤。然后，我们让房间里的大约40名领导者根据预算编制步骤分成小组。在白板墙上，成员都为他们在预算流程中的步骤构建一个外向思维图。他们在图的中心写下自己在预算编制中负责的部分，然后在周围一圈写下他们的行为会影响的人或者团队的名字。然后他们在每个组之外绘制外部三角形，并在中心与每个组之间绘制内部三角形，所有的三角形都指向外部。

于是我们在房间的墙上画了一些大图，类似下面这种（我们以流程的第一个步骤"规划"为例）：

　　然后，来自不同小组的每个人在房间里四处走动，看看他们是否应该把自己或别人的名字写在某一个图表上。每个人都可以自由地修改别人的图表。

　　以外向思维模式重新梳理了工作流程的各个阶段之后，现在是时候开始关注他们的外部三角形工作了。有许多不同的方式去了解其他人的外部三角形。在这个案例中，从负责规划的小组开始，代表过程中每个阶段的小组在房间的前面轮流展示。其他人的任务是尽可能多地了解该小组的活动、目标和挑战。了解别人的外部三角形可以唤醒人们注意他们可以做哪些改变来帮助别人。这就是说理解外部三角形可以带动内部三角形的变化。

　　一些非常有趣的事情发生在第一组——规划者。规划小组在每年年初（实际上早几个星期）启动预算编制过程，通过考察社区的能源消耗需求和能源产能，决定需要在下一年设计和建设的工程。这个过程花费4个月。多年来，规划者都是在5月1日进入他们规划的第二步——设计。接下来，工程组需要两个半月的时间来设计项目，然后在7月底将他们的工作移交给做第三步的人。依此类推。

　　以下是每个人在与规划者探讨外部三角形时发现的：规划者在1月中旬前就已经知道最终规划中80%～90%的项目！之后还需要花费另外三个半月决定剩下的10%～20%。突然，人们意识到有一个很容易想到的方法可以砍掉预算时间表中的大约3个月：规划者不再等待所有的项目完全确定才批准整个项目规划。他们立即批准那些确定列入最终计划的工程。这意味着工程团队可以在1月而不是5月开启他们的流程。搞定！简单！巨大的成果！这还只是第一组的成果。

为什么这种改变没有早些出现？这原本是可能的，他们都是些高素质的人。然而，如果没有一个框架能发现已经存在于组织中的解决方案，许多非常有用的方案就处于休眠状态。这就好像一个组织里包含着许多潜在的蓝牙连接，但其中大多数的开关都没有打开。当你使这些设备发现彼此时，它们得以开始交谈。而它们在对话后就想出了如何把事情做得更好的办法。在组织中开展了解外部三角形的工作，就可以使他们发现彼此。

关注其他人的外部三角形可以产生强大的影响——无论是对倾听者还是被倾听者。为了进一步说明这一点，我们来看一看乔·贝里（Jo Berry）的故事。

乔的父亲安东尼·贝里爵士（Sir Anthony Berry）是英国议会议员。他曾担任玛格丽特·撒切尔（Margaret Thatcher）的副党鞭和皇室财务长。戴安娜王妃是他的侄女。他于1984年10月12日被爱尔兰共和军的一名特工帕特里克·马基（Patrick Magee）杀死。马基被捕后，被判处8个终身监禁。然而，作为和平进程的一部分，他于1999年被释放。你可以想象，他的释放对乔·贝里的打击有多大。

乔和父亲的关系很亲近，父亲突然的惨死打乱了她无忧无虑的幸福生活。在接下来的15年中，她试图促进北爱尔兰冲突双方的人们互相交流，通过这种方式来应对她父亲的死亡。她想了解和理解发生了什么。这项工作最终促成一次她与帕特里克·马基在都柏林的会面，后者不仅是自由的，还生龙活虎地活着。

一个人如何面对杀害了自己父亲的人？当社会认为凶手可以自由地继续生活，而自己所爱的人和自己却不能时，一个人又应该怎样想，怎样做？各种各样的想法充满了乔的心。她在朋友家里焦急地等待那个杀了她父亲的男人。

几分钟后，门铃响了，帕特里克·马基走了进来。乔发现自己不由自主地主动去握手，感谢他的到来。帕特礼貌地说："不，不，我要感谢你。"他们面对面坐在沙发上。这个男人杀了她父亲，但让乔惊讶的是他看起来如此普通，而且温和有礼。她的心里有个声音不停回荡：你是个杀人凶手，你杀了我爸爸！但她依然听他说下去。

在接下来的一个小时里，帕特谈到了他为什么加入爱尔兰共和军。他以政治理由为自己的行为辩护。乔对这种解释已经烂熟于胸，但她仍然在倾听并不时提问，然后开始告诉帕特关于她父亲的事，以及父亲死后她又经历了什么。

这场对话大约进行了90分钟时，帕特停下来，擦了擦自己的眼睛。"我从来没有见过像你这样的人，"他迟疑不决地说，摇了摇头，又把头低下去，"我再也不知道自己是谁了。"

乔认为那是帕特抛开政治回归本真的一刻。在接下来的对话中，他们开始开诚布公地交流。几年后，帕特回忆说："我仍然觉得难以置信，一个被我伤害过的人——我杀了她的父亲——仍然愿意倾听我，和我谈话并尊重我的观点。"是乔的共情能力解除了他的防备。

根据帕特的计数，从那次会面起，他和乔已经共同出席了50次以上的活动。优秀纪录片《超越对错》记录了其中一次。在一场威尔士大学的演讲中，有一位听众提出了许多初次听到他们的故事的人都会产生的质疑。当帕特声称"恐怖分子"一词并不能准确地描述他是谁时，这位听众回应说："那么我的读者也许会用'杀人凶手'——这总没错吧，因为你的确被指控谋杀了好几个人！"这时乔挺身而出，指出贴标签可能误导我们，让我们无法把别人当人看待。但不一会儿，这位男听众就打断了乔："贝里女士，你难道不知道自己是在为本世纪最可怕的罪行之一辩护吗？你这么做，也许是有用的心理治疗；而马基博士大概是把这个会场当作巨大的忏悔室；但其他人呢？我们能从你们的同流合污里得到什么？"镜头中的他怒不可遏。他担心乔可能放过帕特里克·马基，饶恕他十恶不赦的罪行。

乔对这个真诚的质问的反应直截了当，没有展现出任何自我防御。"我想，对帕特来说，面对我是个挑战，"她说，"我认为他现在能坐在我身边是非常勇敢的。他多次说过，如果我对他倾泻愤怒并开启政治辩论，他反而会觉得更舒适些。但事实上，我倾听他，从一开始就尊重他，这让他更为挣扎——他越是了解我，越是了解我的父亲，就需要越多的勇气来面对他伤害了我的事实。"

帕特承认了这一点，说自己是一个非常矛盾的人。"他塑造了你，"他对乔说，"换句话说，你身上我所佩服的一切，都从某种程度上来自你的父亲。这意味着他是个很好的人。而我杀了他。所以，你知道，这让我感觉沉重。"他深吸一口气："来见你就好像同时来见你的父亲一样。他现在在我眼里是一个活生生的人了。在从前的我的心里，他并不是个人，而是被妖魔化的敌人——你知道的，就因为他是保守党（Tory）。是你改变了我的看法。"

乔之所以能让帕特接受新看法，是因为她对他的观点、他的想法、他的外部三角感兴趣。

记者布伦达·乌兰（Brenda Ueland）在她的很有见地的文章"告诉我更多：倾听的艺术"（Tell Me More: On The Fine Art of Listening）中写道："倾听是一种有磁性的奇怪东西，是一种创造性的力量。

"想想吧，那些真正倾听我们的朋友是我们愿意亲近的人，我们想留在他们的辐射范围之内，就好像他们是有益的紫外线那样。因为'被倾听'创造了我们，使我们舒展自我；我们开始培育想法并实现它们。"

接着，乌兰比较了她在学会"带着对别人的兴趣与人互动"前后，自己在互动方式上的变化。她对自己从前的互动方式的描述，在一定程度上也是对组织的销售过程、公司会议以及个人的社会交往中普遍存在的互动方式的总结："以前……当我去参加聚会时，我会焦虑地想，'现在要努力，要活泼，要展示聪明才智，要说话，不要让人失望。'一旦累了，我就多喝咖啡，强打起精神。然而现在，在参加聚会之前，我只是告诉自己，要倾听任何跟我说话的人的意见，在谈话时站在他们的立场，尝试去了解他们，不要以我的想法否定他们的想法，也不要争论或改变主题。

别这样做。我的态度是，'请说下去。这个人正在向我展示他的灵魂。虽然在眼下，这场谈话有些淡薄无味，充满了没话找话的磕磕绊绊，但马上，他就会开始思考，而不只是机械地说话。他会展示真实自我，然后就将奇迹般地活起来。'"

罗布·狄龙（Rob Dillon）是家族企业狄龙花店（Dillon Floral）的第四代传人。这家位于宾夕法尼亚州的批发花店，主要服务位于美国东部沿海康涅狄格州到马里兰州之间的客户。近来狄龙花店处境艰难，因为随着超市开始卖花，他们长期以来的客户——本地小花店——的数量逐渐减少。为了保住他们不断缩小的客户群，客户访问——甚至有作为公司CEO的罗布参与的访问——多年来一直是他们战略的关键部分。但罗布渐渐放弃了这种访问。他知道客户在艰难地挣扎，他发现自己难以承受与处境艰难的客户谈话并试图说服他们买狄龙花店产品的感觉。因此，这些年来，罗布访问客户的次数越来越少。

直到他学会了布伦达·乌兰的魔法。

罗布不喜欢访问，是因为他对访问的人并不是真的感兴趣。他感兴趣的只是让他们买产品。也就是说，他的访问一直以内部三角而不是外部三角为重点。他就像学会关心别人、对别人感兴趣之前的布伦达·乌兰。罗布和乌兰一样，感到了去表现、去打动人和去销售的压力。"我过去常常按写好的议程做客户访问，"他说，"但心里却仍然充满恐惧。"但当他学会了"外部—内部—输出"的工作方式之后，一切都改变了。现在当罗布打电话给客户时，他唯一的想法只是，我该如何提供帮助？他不是为了给客户留下深刻的印象，也肯定不会去表现什么。他只想知道能做什么来帮助他们，而这是从关注外部三角——倾听和学习开始的。现在，关注外部三角的罗布每周会花一到两天时间给客户打电话。而且，他喜欢这么做。

罗布这样描述他的变化："现在我去做客户访问，只想了解客户的外部三角是什么。我宁愿在走进一家花店时显得愚蠢而非聪明。我更喜欢不预约。我只是对他们说，我想知道如何能对他们更有帮助。然后我只是倾听。只要把他们看作人，无论他们说什么，我都很容易产生共鸣。客户访问没有什么可怕的。我只是去帮助他们。"

在这本书的开头，我们收录了英国作家 G. K. 切斯特顿（G. K. Chesterton）的著名格言。这句格言的更长的版本，描绘了当我们开始关注我们周围的人的外部三角时所发生的事情的本质。"你的人生舞台将会多么巨大！"切斯特顿写道，"只要你能把自我缩小。你真诚地怀着好奇和愉悦之心观察众人，你眼见快活开朗的自私和刚健有力的冷漠走过。众人漠视你，而你报以关怀。你会击碎这个总在上演着你自己的小故事的微型的、俗丽的剧院，在更自由的天空下，走上一条充满了神奇陌生人的街道。"

这就是艾米·斯特尔霍恩、乔·贝里、罗布·狄龙、布伦达·乌兰和其他所有开始对别人真正感兴趣和好奇的人的发现：与我们合作、与我们一起生活的人，甚至与我们战斗的人，让我们陶醉着迷。我们开始真正关心他们。因为我们比以往任何时候都要关心他们，所以我们想要提供帮助。

第十二章

内部：真正的帮助

阿兰·穆拉利（Alan Mulally）在波音公司工作了37年，在重振波音的商用喷气式飞机的业务中发挥了重要的作用。他是艾奥瓦州本地人，有着解除他人警戒心的"胡说八道"的习惯，还是有着坚韧的毅力和建设团队能力的天才。在2006年9月，他被聘为福特汽车的总裁和CEO。那时福特正处于绝望的状态，每年亏损170亿美元。福特把剩下的所有筹码都押在了阿兰·穆拉利身上。

穆拉利很快就发现，公司里没有人觉得自己该对亏损负责。福特这种情况在其他组织里也不少见——人们对自己的评价常常高于对公司的评价。福特每年亏损170亿美元，但每个雇员都轻松如常。至少看上去如此。

穆拉利为福特带来了他在波音公司运用得非常成功的管理方法。他引入了两种每周例会机制。第一种会议是业务计划审查（Business Plan Review，在福特通常称为BPR），于每周四上

午举行。BPR之后立即举行第二种会议——特别注意事项审查
（Special Attention Review，简称为SAR），领导者们以更偏战术
（而非战略）的方式围绕BPR中确定的具体项目开会讨论。穆拉
利要求他的执行团队来BPR会议时，要准备好自己部门的实际绩
效与公司计划的对照图表。他要求对图表中的每个项目上色：达
到计划的用绿色，有完不成计划风险的标为黄色，已经确定无法
按计划完成的则使用红色。上周以来的变化标为蓝色。

你应该能猜到，在第一次BPR会议中这些图表会是什么样：
虽然福特深陷泥潭，图表却是绿色的——所有项目，全是绿色。
为什么？因为在福特，只要犯了错就保不住工作。所以没有一个
人有错。当然，高管们私下承认公司表现不佳，但他们也会想：
我没有表现不佳。也许查理、大卫或贝思犯了错，但不是我。要
不是我在，事情恐怕会糟得多。第二周的BPR，一如既往地全盘
绿色。第三周，仍然是满眼绿色。在第三周BPR的中途，穆拉利
终于开口了。"我们今年预计会亏损170亿美元，"他说，"有什么
事进展得不太好吗？"高管团队全都紧张地低头看着会议室的桌
面，没有一个人回答。

再下一周，恰在新的福特锐界（Ford Edge）即将从加拿大
安大略省奥克维尔市的工厂出厂之前，试驾员发现有一辆测试车
的尾门传动装置有问题。负责福特美洲业务的马克·菲尔德斯
（Mark Fields）必须做出一个抉择。

菲尔德斯领导着福特在美洲——加拿大、美国和南美洲——
的业务。如果福特当时选择从内部晋升CEO而不是由穆拉利空

降，那这位置非菲尔德斯莫属。因此，他认为，穆拉利的到来意味着他自己在迪尔伯恩（Dearborn，福特的全球总部）的日子快要到头了。正是在这种认识下，菲尔德斯权衡了他的选项。如果异常只是个例，那么仍然可以发出这批车辆，什么也不会发生。但是，如果这是普遍的故障，发出车辆就将带来大麻烦。穆拉利要求福特生产的一切必须是顶级产品，最新出厂的新福特锐界如果有尾门故障，那简直是公开打脸。因为尚未摸清新老板的底，他觉得自己不能冒这个险。他在心中决定，暂停发货，进行检查。

但他此时面临着一个更艰难的境地：是否要在周四的BPR上把这事告诉所有人？他沉思着，再次权衡了面前的选项。我们可以修好故障再发货，不让任何人知道有过这个故障。但是，如果故障不能很快修好呢？这个"如果"，迫使他选择告诉穆拉利和同事们真相。但在福特，从没有人这样做过——没有人会说出对自己不利的真相。他的同事们都是些高效、强硬的专业人士，能够轻易看出别人的错误。他觉得自己已经被判了死刑：如果他发了货但尾门有故障的话，他一定会被踢出公司；但如果他走进会议室，告诉大家新锐界检出了一个问题要推迟出厂，那一刻，他个人在福特的辉煌经历也就到此结束了。

他详细地考虑了一番，最终决定，既然无论如何都要完蛋，不如实话实说。因此他准备好了图表——万绿丛中一点红。

马克·菲尔德斯很可能感觉时间飞快地就来到了周四早上。在第四周的BPR上，所有人的报告中只有他的图表含有绿色以外的颜色。他的同事们开始轮番报告。绿色，还是绿色，全都是绿色。终于，轮到菲尔德斯了。他试图隐藏起所有的情绪。当屏幕上跳出福特锐界的图表时，他说："关于锐界，我们没有达标，看那块红色。"

会议室里鸦雀无声。

这是令人不安的沉默。

参会的每个人在一瞬间都得到了与马克·菲尔德斯相同的结论：他完蛋了。实际上，有一个人除外，而那个人开始鼓掌。"马克，"穆拉利鼓掌的时候笑了，"我看得很清楚。"然后，他转向了其他人，问道："谁能帮助马克？"这个问题，成为培养他们的外向思维的起点。

在穆拉利明确的鼓励下，马克·菲尔德斯的许多同事提出了建议。有人说他曾在另一辆车上看到过同样的问题，会在散会后马上将他所知道的信息告知马克。另一位则提议，如果需要的话，他可以迅速召集手下的一组顶级工程师到奥克维尔帮助改进设计。诸如此类。突然之间，会议上的每个人都用上了外向思维。可以看得出来，这种外向思维模式存在于他们的内心，只是需要不被各种束缚羁绊。在这里"不羁"并不是一个贬义词，因为用外向思维工作和生活，比用内向思维要活泼和有趣得多。在这次会议上，马克·菲尔德斯的同事们被鼓励积极地帮助他解决问题，第一次体会到了这点。以前，问题只会被看作冷漠而遥远的"那个人的问题"。两个星期后，他们对外向思维的乐趣有了更深的认识。所有人的图表都已经点缀上红色和黄色，他们开始放开手脚干活，帮助彼此面对挑战。

为什么大家开始反映自己的问题是在菲尔德斯汇报的两周后而不是下一周？因为虽然菲尔德斯扛过了汇报当周的BPR，看起来工作如常，但大家都仍然认为他会在接下来的几天之内被突然解雇。当他出席下一周的BRP时，锐界项目仍然红色的，但已经向黄色偏了过去，穆拉利仍然对他微笑。于是他们开始意识到穆拉利是认真的。"你不是红色的，"穆拉利坚持说，"你正在解决的问题是红色的。"他希望大家能够相互帮助，共同面对挑战。而只有当一个人告诉别人自己面临的挑战时，才可能获得帮助。他希望福特的每个人都能完成工作——即在自己的责任内做到最好——而且是通过帮助他人在工作中也取得成功完成的。他知道，为了拯救福特，让它步入正轨，重新成为业内领先的公司，他需要全体员工抛弃内向思维模式，努力帮助彼此成功。这里所说的全体员工，包括高管、经理、工会领导者和劳动者，也就是公司里的每一个人。

他们做到了。在2007—2008年的金融危机中，福特成为唯一无须联邦救助的美国汽车制造商。[①]

当阿兰·穆拉利在2014年春天退休时，马克·菲尔德斯取代他成为福特的总裁兼首席执行官。穆拉利全心全意地为他鼓掌。

福特扭亏为盈的故事卓越非凡，但人们可能从这场翻盘中学

---

① 如果你想知道更多关于阿兰·穆拉利和团队如何拯救福特的故事，我们强烈推荐布莱斯·G. 霍夫曼（Bryce G. Hoffman）的《美国的象征：阿兰·穆拉利和拯救福特汽车公司的战斗》（*American Icon, Alan Mulally and the Fight to Save Ford Motor Company*）。

到错误的经验。例如，人们可能会猜测，福特公司转型的关键是穆拉利从波音公司带来的BPR机制。毕竟，穆拉利自己说过，他不能想象在没有它的情况下经营一家公司。我们最近访问的一家公司，就因受到重振福特的故事的影响，建立了非常相似的BPR流程。穆拉利用它在波音和福特取得了杰出的效果，可当我们向这家公司的人询问这个流程进行得怎么样时，有个人说："老实说，不太好。BPR流程虽然看上去差不多，但使用它的公司可能是外向思维模式，也可能是内向思维模式。在我们这里，它只不过是又一个充斥着内向思维的工具。它跟我们以前引进的其他流程一样失败。"

在戏剧诗《磐石》（*Choruses from The Rock*）的合唱词中，T. S.艾略特（T. S. Elliot）写道，我们"不断地试图逃避心灵内外的黑暗，为此幻想出一个完美到无人需'做好人'的世界"。从福特的故事，以及我们自己在组织、社区和家庭内的经历中，我们发现，虽然在采取外向思维时，有一些方法、流程和行为能更好地帮助人们把别人看作人，但即使最好的流程也可能被内向思维的人改造成用来为自己争取利益的工具。此时，在外向思维者手中本可以取得成就的工具就会变为拙劣的山寨货。

到头来，我们能够在别人身上唤起的思维模式，只是我们看待和对待别人的思维模式的映射。我们可能会试图通过各种聪明办法来隐瞒我们对别人的真实看法，但别人最终会回应真实的我们。"一个人的真实面目，"艾略特补充说，"必将掩盖伪装成的样子。"

BPR方法和阿兰·穆拉利带给福特的其他工具，之所以能改变福特的思维模式并使其扭亏为盈，正是因为穆拉利以外向思维运用它们。他对同事和公司各级人员的关心，比他带来的任何流程工具更重要。外向思维是穆拉利与人交往模式的核心，因此他部署的流程工具变成了推广这种模式的机制，通过这个机制，他的外向思维模式开始在整个组织取得共鸣。

穆拉利把马克·菲尔德斯拿出带有红色的图表的那次会议，描述为重振福特公司的关键转折。站在更高的角度看，那次会议甚至可能拯救了美国汽车业本身（汽车业涉及美国七分之一的工作岗位），从那个时刻起，福特率先做出了改变，竞争对手通用随之改变，它们都撑过了接下来的经济危机。然而，重要的不是那次会议本身，甚至不是马克·菲尔德斯准备的红色图表。使那次会议成为转折点的，是穆拉利在马克展示了标成红色的项目之后提出的问题："谁能帮助马克？"让我们想一想，这个问题是什么意思？这代表着穆拉利是在对参会者说，他们肩负的责任，比他们当时以为自己要负责的一亩三分地更大。他们不仅对自己的部门负责，也要负责帮助其他同事的部门成功。"谁能帮助马克？"不仅仅是一个问题，还是对长久以来在福特盛行的内向思维模式拉响的警报。

你可能还记得，我们在第二章中分享了普拉姆健康护理公司的故事。他们能有惊人的成就，就是因为把"帮助他人"做成了企业文化的核心元素。

某一次，普拉姆新收购了一家位于美国西海岸小镇的护理机构。这家机构的员工在改变思维模式的过程中，比普拉姆的其他机构经历了更多的挣扎。这个机构的团队成员习惯于自我保护、自我中心、不问原因地闷头执行管理层布置的任务。他们不愿打破这种待人和做事的方式，因此对普拉姆新派来的管理人丹·芬克（Dan Funk）的新管理方式不感兴趣。丹召开领导团队会议，希望能激发他们做出改变。"那么，"他说，"让我们一起进行头脑风暴吧。请你想象一下，假如我们没有预算上限，没有任何限制，你可以提出任何一项你一直以来都想为这里的病人做的事。比如你梦想中的项目，或者你想搞却没能搞起来的特殊活动。你想过对我们整个机构做什么改进？没有任何限制，也不要隐瞒退缩，都提出来吧！"

令丹惊讶的是，没有人说话。他环顾了团队的每个成员，试图从中引出回应。

但他们仍然沉默不语。

怎么可能没有任何人有任何想法？丹一开始还感到困惑。但是，他很快意识到，这是由于前任领导层控制性的、专注内部的特性已经传染给了机构中的每一个人。既然他们从来没有权力去满足他们识别出的外部三角的需求，员工就会对这些需求视而不见。既然他们从不被允许使用大脑思考，他们只好不再思考——至少不再思考关乎这家机构和病人的事情。看到和响应外部三角形的能力就好像是一块肌肉，由于不被允许运动，已经萎缩和死亡。

于是丹开始尝试换一种方式。他开始建立关系——与机构中每个部门、每个级别的员工并肩工作。他回应病人的呼叫铃，在厨房帮忙，协助组织活动，等等。他和同事们一起工作时，他诱导员工们说出如何改进各种流程的想法。他抵制了在和员工谈话中强加进他自己的愿景的诱惑。他只是寻找机会，去帮助员工们自己看到可能性。"你看到什么可以改进的？"他一边工作一边问，"病人有什么需要？你觉得做什么事也许能让你的病人感到愉快？"

新想法不会因太小而被忽略。每当有员工找到可能的改进点时，丹就和他们一起庆祝。这些员工因看到自己对同事和病人带来的正面影响而喜悦，喜悦感染了更多人。整个机构的员工很快就都开始寻找让自己能对别人产生更大的正面影响的方法——他们可以自行调整并做对病人和机构更有帮助的事情。

另一个普拉姆机构中的例子，表明了普拉姆渴望激发的是什么类型的帮助。长期以来这个机构技术落后，常常亏损。它是普拉姆收购的第二家机构，位于市中心，由一个有才华的拥有跨学科背景的团队管理。然而随着时间的推移，他们已经忘记了进入医疗保健行业的初衷。多年来专注内部的管理方式，引发并加强了他们的内向思维模式，使他们往往对自己对别人——尤其是那些接受照顾的病人——能造成的影响盲目无知。当新领导者努力改变这种思维模式时，一名老年越南病人从当地的医院转了过来。

在美国结束探访儿女，准备返回越南的途中，这名患者的并发症发作，住进了医院。由于她身边没有家属，又不会说英语，无法与工作人员进行最基本的沟通。她很快就成为机构里的一个问题人物。她的问题行为层出不穷——一会儿摔食物，一会儿又摔尿壶——每次爆发都用工作人员们全都听不懂的语言咆哮。"她必须转院离开，"一位部门领导在部门主管会议上要求，"肯定有某个地方接收需要行为治疗的病人。"另一个人同意道："至少，我们必须开点新药让她平静下来。"通过这两个提议后，部门领导们打算起身离开会议。然而此时，一个团队成员几乎是自言自语地平静问道："她对发生的这一切有什么感觉？"每个人都停了下来。"我只是想着，谭（Tham）女士心里是怎么想的，"这个团队成员继续说道，"她远离家乡，不能沟通。她不明白发生了什么。她不知道为什么我们把她留在这里，也不知道究竟能不能回家。我想知道：她在想什么？她有什么感受？"

每个人都回到桌边坐下了。过了一会儿，膳食主管说："我家旁边有一个越南商店。我认为如果她能吃到家乡菜，可能会好受点。我会在网上找找食谱，看看我们可以做些什么菜。"社会服务主管则开始寻找当地的越南社区团体，不到一周就找到了不少志愿者，可以在她的床边一对一地为护士提供翻译服务。

很快，全部工作人员联合起来，找到办法，使谭女士不仅可以在此治疗，还过得更加充实。她在他们眼里不再是一个物品，而是成为一个人——他们希望帮助并持续帮助的人。

第十三章

输出：承担起对外影响的责任

在外部—内部—输出的外向思维模式中，当我们了解了对之负有责任的人的外部三角的目标、愿望和挑战（外部），并因此调整了我们自己的内部三角使之对他们更有帮助（内部），我们——而不是他们——仍然应当承担起最后一步的责任，将我们的内部三角的努力输出，连接到那些我们想帮助的人的外部三角中（输出）。也就是说，我们需要确认新近调整的内部三角是否如预想的那样对他人有效，并在实践中持续调整纠偏，使我们切实为自己对他人的影响负责。

不幸的是，个人和组织受到的激励仍然压倒性地来自他们自己的内部三角成就——做过的事、完成的任务等，很少来自别人因为他们的努力而得到的成就。也就是说，个人和组织靠内部三角成就而非外部三角成就来衡量成功。比如说，如果婚姻中的一方认为自己体察并倾听了对方的需要，还调整了自己的内部三角以便帮助对方，但却是以记录自己为对方所做的一切（而非对方实际受到的影响）来判断自己有多么周到、多么成功的话，这个人就可能会觉得其伴侣没有充分注意到或足够感激自己所做的一切。当对方抱怨时，抱有类似想法的人会说："你抱怨我？你不也没有感激我所做的一切。你的说教应该说给自己听！"一场争吵就此触发。

因此，为了让公司能够把调整内部三角的努力输出，就必须摆脱让整个组织陷入内向思维的一个主要原因：内部三角指标的暴政。第八章中从个人角度出发的"内向思维模式工作图"同样适用于整个组织。这时图中的内部三角代表了组织的所有目标和活动，即业绩的各个方面，而内部三角指标就代表了——也只包括——衡量组织内部活动的指标。

在一般的公司中，内部三角指标可能包括销售数量、现金流入、交货或合同的及时性等。对于执法机构，它们可能包括逮捕人数、追回的毒品数量、在街头巡逻的警员人数、开出的交通罚单数等。在医疗保健组织中，可能包括诊治病人数、占用床位数、收到的报销款、输入正确数据的百分比等。而在家庭环境中，内部三角指标可能是给予支持、做家务、参加活动等。

这类指标本身没有问题。然而，单独列出的内部三角指标缺乏赋予它们意义的情境。一个组织的存在是为了给他人——包括给客户、股东、雇员、社区等——带来价值。内部三角指标不能衡量某个内部行为带给这些外部利益相关者的价值。因此，当组织使用内部三角指标作为最终标准衡量成功时，他们从根本上偏离了组织存在的初衷，结果只会一团糟。下面我们来看看汤姆·布拉克（Tom Brak）的故事。

汤姆将在佛罗里达州劳德代尔堡一家酒店的会议中心大堂与他的销售组长们会面。他们正在为即将召开的销售团队年度远程会议做最后的准备，会议需要听取汤姆对某些最新决定的意见。但汤姆迟到了。

然而，汤姆的迟到并没有让销售组长们不安。他们早就非常清楚，汤姆是在所有场合都会迟到的人。他们甚至会因此故意把会议开始的时间设置得比实际要早——这已从临时措施变成了惯例。"汤姆时间"意味着汤姆会迟到，而且该组织已经默认批准。日复一日，汤姆就这样迟到下去。

我们颇有兴致地观察这个场景。虽然会议被延后了，但这些销售组长们并没有因等待而泄气。他们笑着，开玩笑地谈论着他们亲切地称之为布拉克的男人的注意力缺失症（Attention Deficit Disorder，缩写为ADD）倾向，但却是用一种对他忠诚热爱的语气。毕竟，他在世界上最强大的公司之一担任负责销售的最高领导者。他总是以让其他金牌销售摇头羡叹的速度做交易，同时交到朋友，他魅力非凡。

大约十分钟后，布拉克终于乘电梯抵达。他沉浸在电话交谈中，但当他发现我们的时候，他的眼睛微笑起来，张开嘴，好像发出了一个无言的问候。他低下头继续谈话，那一米九的高大身躯弯向手机，好像被重力压迫一样。他只看了我们一下，现在，他的世界中唯一存在的人在电话的那一边。

这就是和汤姆·布拉克在一起的感觉：当你和他在一起时，

你会觉得你好像是他的世界中唯一存在的人。这令人振奋。所以当汤姆迟到时，人们并不介意，因为他们知道，当他加入会议时，他们会得到他的全部——心、思想、灵魂、一切。

5年前，公司委托布拉克挽留他们最重要的客户之一。在布拉克接手这个客户时，他所在的兰达（Landa，化名）公司，已经在客户的首选供应商名单中下降到了第16位——也就是最后一名。客户方的联系人通知他，不出意外的话，在下一次评估的时候兰达就将掉出这个名单。那意味着兰达将失去这个对公司年销售额贡献超过5,000万美元的大客户。

布拉克精心挑选了一个团队，一起全心投入。18个月后，兰达已经赫然位列供应商名单的榜首——这是一个史无前例的跃升。由于客户觉得布拉克和他的销售团队有能力、可靠，兰达在18个月内从最差供应商变成了最佳供应商。

然而，自我们在劳德代尔堡举行的会议上第一次见到布拉克之后一年，他在恐慌中给我们打了一个电话。那是12月初，他遇到了大麻烦。他受到了自己的公司兰达和客户的双面挤压。

就在两个月前，客户的对接人朱莉，寄给布拉克一个体贴周到的爱心包裹，祝贺他的孩子诞生。之后，她发送了一封友好的语音邮件，谈及不久后将与兰达续约的事。她告诉布拉克，如果她和布拉克能面对面地一对一会谈，就能在12月初完成交易，节省下他们各自团队在12月底节假日之前的精力。她说，相关预算已经被批准，在她看来，签订续约合同不是什么难事。这对布拉克来说是个大大的好新闻。因为，第一，朱莉的话重申并巩固了她对他的团队和兰达服务的信任；第二，这笔大额交易能让布拉克和他的团队达到内部指标要求的巨大销售总额；第三，由于兰达特有的原因，及时达成续约意味着他们将达成另一个内部指标——项上高悬的断头台之刃——续约指标。

这个让兰达的销售人员如此恐惧的续约指标是什么？兰达的大部分收入来自年金账户——现有的客户合同内置了续约日期。公司财务部门的人研究了这些账户，发现平均来说，在内置续订日期之后才签署的续订合同金额明显减少。因此，公司领导层希望强制销售人员尽早签署续订合同，续约指标就是他们的工具。续约指标要求，所有年金账户的续约合同必须在内置续订日期之前签署，金额为先前合同的105%或更多。如果达不到指标，意味着客户组从上到下的销售人员的收入都会大幅缩水。

上面是理论，而下面是实际情况：由于达不到指标的惩罚极为严重，销售人员会做出平时不会做的让步，以求按时签署合同，完成指标。因此，这个指标原本旨在减少逾期未续的年金合同带来的销售额损失，实际上却在鼓励销售人员在续订日期之前以各种让步拱手放弃可能争取来的更大销售额。与许多其他内部指标一样，这个在理论上似乎有意义的措施，实际却事与愿违，产生了巨大的负面后果。

在布拉克的故事中，与朱莉的公司签订的为期3年的合同将在当年的12月31日到期（这恰好是兰达的财政季度的最后一天，但不是其财政年度的最后一天）。他和朱莉在12月初制定了一项价值6,600万美元的续约合同。这个数字和兰达提供服务的正常价值相比有近1,000万美元的折扣。但布拉克觉得折扣既帮助了朱莉和她的公司，对兰达也非常合理。他和他的团队很高兴能提前很久在续约最后期限到来之前就达成了交易，避免续约时间临近时的压力。

但之后，事情变得糟糕起来。朱莉的财务人员分析了交易的数字，认为这些数字表明，兰达正在利用他们。起初，朱莉不相信这一点，因为这和她与布拉克团队的交往经验相反。但她的分析师态度十分坚定，而这种坚定让朱莉相信——兰达并不诚实。

她深感背叛，开始搜集细节，想看看布拉克和他的团队如何欺骗了自己。

然而，事实是朱莉的财务人员的分析错了。朱莉的公司获得的合同和布拉克承诺的一样好。但损害已经造成。本该简单迅速的续约进展步履维艰，内部续约指标的截止日期开始折磨起兰达管理层上下的神经。布拉克背负着巨大的压力，要采用任何必要的手段在12月31日前完成交易。

布拉克感到很困扰，因为他觉得他和朱莉之前制订的合同已经非常慷慨了。进一步的削减只会坐实朱莉对他们的指责——无理的高利润。然而，迫于压力，布拉克让步了。他和朱莉以及他们各自的团队把每一条订单项目都捋了一遍，布拉克最终批准了额外600万美元的削减，将合同金额降低到了6,000万美元。你可能认为这对客户有好处。事实上，这些削减并不是出于为客户考虑，只是为了满足与客户需求无关的兰达的内部指标。朱莉知道这一点。她和她的团队知道兰达的指标，因此布拉克感觉自己被利用，被压榨。这件事让他与朱莉的关系发生了质变。他不停地提醒自己，至少这笔交易会让他们完成指标。

然而，事与愿违。

合同降价之后，朱莉突然失联了。日子一天天过去，续约合同却没能正式签署。到了12月下旬，布拉克就更找不到她了。他甚至单方面选择飞到她的城市试图会面，却也无果而终。恐慌在兰达北美业务部的领导层蔓延。1月中旬，这些领导者将被召集到全球企业领导者的集会上进行年度业务述职。这个集会对每个人的前途如此重要，以至于每个业务部门的领导团队每年都会花两到三个月，动用所有能动用的人为它做准备。如果布拉克正在谈判的这笔交易未能达成，会使整个北美的数字低于计划。关乎很多人前途的千钧重担悬于一发。

最终，在12月27日，朱莉给布拉克打了个电话，说她发现这种规模的交易只能由公司的CEO签署，但不管出于缺乏意愿还是什么原因，朱莉没能让他及时签字。现在，CEO不在国内，合同要等到1月的第一周或第二周才能签署。"这不行，朱莉，"布拉克回答，"我们做出让步的条件是您的公司在31日前执行交易。对我们来说，1月不行。"

朱莉知道这是什么意思，当然了，兰达之所以愿意屈服是因为他们需要达成12月31日前交易的指标。但她说："这是我能做到的最好方案。只能在1月签。"

现在轮到布拉克深感背叛。他会为客户做任何事情，多年来也曾为朱莉做了许多——包括这笔交易，但现在他觉得自己被玩弄了。他被失望情绪击倒了——主要是对自己的失望。因为他知道，自己被一个与客户无关的指标驱动，损害了他和客户的关系以及帮助客户的能力。

然后，朱莉打了回来。"我想我有一个解决方案，汤姆，"她说，"如果你能够把合同从6,000万美元改到5,000万美元，我可以把它交给我的老板（公司CIO），他可以批准这个金额的合同。我们可以在年底前为您完成交易。"

布拉克松了一口气。终于有了一个解决方案。这笔交易实际上包括两个不同的部分，所以可以把它拆分。"好吧，"他说，"让我们把这笔交易分成两个独立的3,000万美元的交易，然后就可以了——CIO可以签名。是这样的吗？"

朱莉沉默了一会儿。"不，汤姆，我没有这么说。如果你从6,000万降价到5,000万，除了价格以外什么也不改变——我可以帮你完成。"

布拉克打电话给他的经理们，告诉他们发生了什么事。"那么，我们要签吗？"他们焦急地问。"不，我们不能签，"布拉克回答，"我们对客户负责的同时，也得对公司负责。我们不会为了提早获得公司将在两个星期内得到的东西而放弃1,000万美元。我本人告诉她'不行'。作为股东，我告诉她'不行'。"他的老板们憎恨这个回复，但只有疯子才会去反对它。

两个星期后，他们以6,000万美元的价格达成了这笔交易。结果，整个北美地区未能达到内部指标，未能达标带来了经济和事业上的惨重损失。此外，尽管享受了巨大的折扣，客户却特别要求将汤姆·布拉克从客户服务小组中移除。当布拉克离开小组之后，兰达立即又开始在客户的首选供应商名单中下滑。整个客户关系遭受了风险，竟然是因为兰达同意在双方已经达成协议的价格上再打600万美元的折扣！

事情怎样发展到这个地步？

就是因为兰达的内向思维模式。兰达有意通过内部三角指标而不是对外部三角来促成"成功"。如果兰达从外向思维的角度出发，他们就不会仅仅为了实现自己的内部指标而将客户关系置于风险之中——讽刺的是，这一内部指标成了客户用来攻击他们自己的利器。汤姆·布拉克和他的团队以外向思维模式，充分考虑各方的利益，与朱莉和她的公司合作了好几个月。然而在此之后，他们由于对内部指标的恐惧而转向内向思维，削弱了已经建立起来的客户信任。"这一切问题就算是不能完全避免，原本是可控的，"布拉克说，"如果我们更多地考虑我们的客户和他们的指标——他们的外部三角指标，而不是我们自己和我们的内部三角指标的话。"

即使到了今天，布拉克谈及这段经历时，你也能从他的声音里听出痛苦之情。至今，这件事仍然是他职业生涯里最后悔的事情。他后悔的主要原因之一，是这段经历对兰达相关销售人员的影响。"那一天，"他说，"因为这次交易，公司里大约有20个人对这个组织失去了信心。所有的内部信息都对他们说——'想着客户，想着客户'，然而，当考验到来的时候，他们看到公司的领导——恐怕也包括我——却只想着自己。从那以后，这一大群人基本上都辞职了。他们不再相信这个地方了。他们的心离开公司，再也没有回来。当你失去了人心，他们就只是为钱工作。而当他们只是为钱工作时，参与度、激情……很多事情都完全不同了。"

兰达将内部的指标提到了客户的指标之上，这正是内向思维组织的标志性特征。即使是一个像汤姆·布拉克一样正派并拥有外向思维模式的人，也会被衡量和奖励内向思维的组织系统压倒。

一种对组织的定义是，组织是它所做之事的总和。类似地，一个人也可以用其所做之事来定义。但外向思维隐含着对成功的另一种定义。尼采说："一件事物是它带来的影响的总和。"（"A thing is the sum of its effects."）[1] 这就是说，对组织最真实的衡量是它给负有责任的人带来的影响。对人的衡量也是一样。我们不仅是自己所做之事的总和，我们也是所做之事的影响的总和。在衡量丈夫的成功时，妻子在他的影响和帮助下取得的成就，至少得跟他自己的成就获得同样的权重。同样，组织中的某个职位的职责不应该仅仅是指该职位的人所做的事。这是内向思维模式定义职责的方式。不幸的是，今天这仍然是人们对工作的理解以及撰写职责描述时的普遍方式。相反，从外向思维的角度来看，某个职位的职责应该考虑该职位能对他人——客户、同事等——造成的影响。"输出"就是让我们对这种影响负责。

总之，在前面三章中，我们探讨了一种从内向思维向外向思维转变的方法。我们把这种方法称为"外部—内部—输出"。这

---

[1]　弗里德里希·尼采（Friedrich Nietzsche），《权力意志》（*The Will to Power*），第551页，阿瑞斯泰俄斯出版社（Aristeus Books）2012年英文版。

种方法始于对他人的外部三角的真正兴趣和好奇心——这是不能伪造的第一个步骤。那些真正关心他人的人能比那些并不真正关心他人的人更深刻地理解他人的外部三角问题。这就是为什么我们将这一步描述为"真正的兴趣和好奇心"。

第二个步骤是将我们探索他人的外部三角时获得的认知转化成行动，使我们在自己内部三角中的努力能对他人更有帮助。这意味着我们可能要开始做一些事，停止做另一些事，多做某些事，少做另一些事，等等。

当我们做出这些改变时，我们需要将我们在内部三角的努力"输出"，连接到我们对之负有责任的那些人的外部三角。这就是第三个步骤。为了让自己对施加给他人的影响负责，我们找到了评估这种影响的方法，使我们能够修正航向，最大限度地帮助他人。

在本书接下来的第四部分中，我们将详细介绍四种实施策略，帮你保持已获得的外向思维模式，并把这种变化扩散到周围的人与组织之中。

第四部分

如何保持外向思维

第十四章

先慢后快好过先快后慢

当堪萨斯城警察局中央巡逻部门的警员马特·托马希奇（Matt Tomasic）快要结束他对堪萨斯城西区的巡逻时，在某公共汽车站前看到了一个男人正在骚扰女性。"先生！堪萨斯城警察，"他喊道，"把手从她身上拿开，转过身去。立刻！先生。"马特一手在前，就像一个橄榄球跑卫准备推开邻近的防守队员那样伸直手臂。他的另一只手放在枪柄上。"先生，你必须从她身边离开。立刻！先生！"男人把手从女人身上拿开，但并没背过身。"先生，你必须背转身。立刻！这不是开玩笑。"那个男人反而向马特走来。"先生，你必须停下来！我有枪，先生，你必须停下。"

就在那时，两辆车呼啸而来，伴着刺耳的刹车声停下。车门飞速打开，一些当地男子从车里鱼贯而出。他们直冲向男人，将他围了起来。你问他们想干什么？他们想保护托马希奇警员。

这是当地男子和其他人选择与警察联手对抗社区中的坏分子的故事，也是一个关于改变思维模式的好教材。

50多年来，堪萨斯城的西南大道和山顶街的交界处以及附近一家酒类零售商的停车场，已经成为城市短工的临时招聘站。这个区域也是拉丁裔群体聚集的闹市街区，有许多服务当地拉丁裔人口的商业设施。多年以来，寻找工作的男人的数量是可控的，劳动力的供需基本相当。但是，这一地区聚集的男子在5年内激增，数量远远超过了劳动力需求。这个膨胀的群体大体上由两种不同的人组成：（1）合法居留和非法居留身份且愿意工作的男性；（2）合法居留和非法居留身份且不愿意工作的男性。这第二组中的人包括一些结成团伙侵害他人的犯罪分子。那些不想或找不到工作的人在该地区附近闲逛。因为没有可用的设施，他们就在人行道上撒尿，在别人家的前院和小巷里排便。有些人会脱光衣服、使用房主的户外软水管淋浴。由于犯罪率在该地区飙升，企业开始撤离，社区居民也开始武装起来。

作为回应，堪萨斯市警察局试图通过部署压倒性的警力和零容忍政策来处理这种情况。齐普·胡特的特警队承担这项任务的一部分。这次部署，是在齐普和他的队员发生我们在第一章描述的大转变之前。齐普的队员和其他警察积极地排查社区，逮捕了很多人涉嫌从在公共场所饮酒到实施其他所能有的违法犯罪等。但是这些人通常在被捕的同一天就被释放，继续违反法律，比如回到同一个街角，继续在公共场所饮酒。所以无论警局投入了多少资源，却连表面的问题都没解决。尽管部署了40名警察到西区，情况仍然越来越糟。

直到警员马特·托马希奇开始单枪匹马地以外向思维开始行

动，情况开始改变。马特问自己：如果我是这些人中的一员会是什么感受？不知道什么时候能找到下一份工作，没有生活的基本必需品——没有洗手间，永远不知道什么时候能吃上下一顿饭。那会是怎样的感受？他想到了这些人面临的外部三角问题，也同样想到了社区成员的外部三角问题。马特在一个小的社区中心工作，不远处就是西南大道和山顶街的交界处。这个社区中心有一个洗手间和一个小炉子。他想到了自己能做一些简单的事来帮助他们解决基本的外部三角的需要。他向外宣布说，欢迎这些人来使用中心的设施。他在炉子上煮着一盆豆子（很多中南美洲人的主食），还准备好咖啡。

当男人们来到社区中心时，马特给他们发放身份证，很快就在中心外面设立了短工招聘点。那些当天没有找到工作的人被邀请到社区里提供社区服务——从清除灌木到给房子刷漆，再到帮助邻居老妈妈们制作玉米粉蒸肉。马特和他们一起做这些工作。他们彼此逐渐熟悉，这些男人和社区居民开始与马特形成一种信任纽带，对警察的看法也开始改变。

随着这一举措的积极发展，另一名警员——奥克塔维奥·"查托"·比利亚洛沃斯（Octavio "Chato" Villalobos）听说有个警察为西区的人们煮豆子并邀请他们进入社区中心使用设施。这个故事对查托意味深远。他就在这个社区长大，但社区对警察的看法如此负面，以至于他觉得穿着制服回去都不安全。但马特把街上的男人和社区成员都当作人来看待，竟就此开始扭转之前部署了40名警察都无济于事的恶化趋势。查托想要回家。

从那时起，马特·托马希奇和查托·比利亚洛沃斯在堪萨斯市的"西区社区行动网络"中心并肩工作。他们在社区的工作已成为闻名全美的成功故事。该地区的犯罪率降至历史最低点，企业正在搬回该地区。这两名警员完成了50名警察都不能完成的事。所有这些，都是因为他们以外向思维模式来解决问题，并且是用激发整个社区转变思维模式的方法。

大多数人希望自己和自己所在的组织也能做到思维模式的转变。那么，如何能像马特和查托一样有效地引导这样的变化呢？在本章和以下的三个章节中，我们将讨论转变个人或组织的思维模式所需要的四个基本要素。

第一个要素，我们称为先慢后快。

警察局面临西区的挑战时的第一反应是"尽快"解决问题。因此他们部署了压倒性的警力，但没有获得期望的效果。在大多数事情上，欲速则不达；用缓慢的方法做正确的事情却能在水到渠成时引起惊人而迅速的变化。两名警察马特和查托在西区缓慢工作的结果碾压了寻求立竿见影效果的大量警力。

再举一个例子，哈雷·戴维森（Harley Davidson）邀请我们去威斯康星州的一个工厂为他们的领导团队开展一个培训项目。我们为20名工厂管理人员和10名工会领导者（其中两名来自其全国工会总部）提供了为期两天的培训。在这两天中，我们帮助他们更多地运用外向思维工作。第二天的最后一个小时被专门留出来作为"应用时间"，用他们的所学一起来应对某个现实中的问题。当问及他们有什么想要解决的重大冲突时，我们发现学员之间确实有一个有待解决的大冲突：该工厂长期未能解决的劳资纠纷。就在接下来的那个星期，该纠纷将进入仲裁程序。走仲裁程序的费用很高，但在此之前几个月里，他们自己未能达成一个让各方都能接受的解决方案。学员们表示，他们愿意利用这最后一小时再试一次，看看能否在工厂内部解决纠纷。

因此，我们两天来第一次把学员按工会领导者和管理人员分成了两组。我们为每组提供了一个白板，并请他们回答以下四个关于另一组人的问题：（1）由于该纠纷，工会领导者/管理人员面临什么挑战，面对什么考验，有什么负担，心里有怎样的痛苦？（2）我们之前如何增加了对方的挑战、考验的难度，增添了对方的负担和痛苦？（3）我们还做了什么其他忽视对方的挑战、考验、负担和痛苦——甚至让他们感到更加艰难——的事情？（4）鉴于以上问题的答案，我们能做什么帮助对方应对这些挑战、考验，减轻对方的负担和痛苦？

我们给了这两个小组20分钟考虑这四个关于对方的问题。然后把他们召集起来，请一方给出他们对问题（1）的回答，然后请另一方演示他们对问题（1）和问题（2）的回答，然后再转回前一个小组回答问题（2）和问题（3），依此类推。

在谈到问题（3）之前，对问题的回答就已经演变成了一个真诚而外向的讨论——双方都真诚地表现出对对方的需求和问题的兴趣和关注。不到45分钟，他们就解决了几个月都悬而未决、即将诉诸仲裁的纠纷。他们完全是靠自己解决的。我们除了在两天的培训中使他们准备好用外向思维一起工作以及组织了最后的应用练习之外，没有提供任何指导。他们不仅解决了分歧，还强化了相互之间的工作纽带和对彼此的信任。他们只用了45分钟就完成了这事！我们花了两天中的绝大多数时间，让他们达到能够做到这一点的状态，这是缓慢的部分。但如果你正确地做缓慢的部分，当时机成熟时，转变可以很快。两天的先慢和45分钟的后快，以压倒性的优势击败了典型的先快后慢——10个月试图速战速决而无果的谈判和因此导致的永无止境的纠纷状态。如果后者能带来一个终结，也只是双方可能都不情不愿的、来自第三方仲裁人的强制判决。

人们和组织最常使用无效的先快后慢的方法，主要原因之一，是领导者认识到员工们需要改变思维模式，通常却不能认识到自己同样需要改变。他们可能启动一些举措来"解决"员工的思维模式问题，但如果他们不能以身作则，试图改变员工思维模式的努力，就可能跟堪萨斯市警察局试图使用压倒性的力量去解决西区问题的结果一样——绝大多数这样的举措并不成功。

它们之所以不成功，是因为一群人的思维模式转变，会受到试图领导转变的人们中流行的思维模式的束缚。堪萨斯城的西区就是一个真实的例子。从内向思维的角度出发的警务工作并不能引起所谓目标人群的思维模式改变。相反地，单枪匹马的一位警察，以自身的外向思维模式面对同样的人群，就引发了多米诺骨牌式的思维转变。

在我们的工作中，经常使用"亚宾泽思维模式审计"来评估某个组织目前在从内向思维到外向思维的连续光谱中的位置，用它来指导最佳的转变策略。例如，一个组织越是在连续光谱上表现为内向，越是有必要从高层领导开始改变思维模式。反过来，组织越是外向，则无论从组织中的任何地方或任何级别开始改变思维模式都可以取得显著的效果。在后一种情况下，组织的各个部门都能够成功地成为思维模式变革的起点，原因是这些组织的高层领导团队已经在相当程度上用外向思维模式来领导。

对我们而言，常常出现的挑战是，在思维模式偏内向的组织中，高层领导通常对改变自己的思维模式不感兴趣。也就是说，最需要从高层领导开始改变思维模式的组织，通常正是领导者认为最不需要这样做的组织。我们从自己的经验中学到，在思维模式严重内向的组织推进思维转变工作时，如果没有在组织顶层花费必要的时间就开始在其他地方开展工作是行不通的。组织越是内向，就越应该从组织的顶层开始改变思维方式。

许多年前，美国南方一家中型公司的人力资源总监联系了我们。他急于让我们来帮助他们应对一些挑战。当我们询问公司情况以及他对这些挑战的看法时，很明显，他相信公司CEO才是最大的挑战。鉴于我们当时了解的公司情况，我们告诉他，我们需要先与CEO开两天的一对一会议。他们同意了。

几个星期后，该公司的CEO飞了过来，花了两天时间与一位亚宾泽顾问共处。事实证明，他确实准备好了接受我们关于思维模式的这套看法。同时，他那些对同事来说是挑战的做法也显而易见。到了第二天的中午，这位CEO已经和我们的同事建立了强大的情感纽带，我们的同事告诉他，如果自己要另找工作，是永远不会考虑为他工作的。这位CEO大吃一惊。那时，他认为这位同事正是他想要招入麾下的人。听到我们的同事说永远不会考虑为他工作，他感到困扰，想要了解背后的理由。我们是否会与该公司合作，取决于这位CEO能否倾听这些理由，真正听进去，并由此意识到自己需要改变并愿意开始改变。值得赞赏的是，这位CEO做到了这一点，使我们能够成功地与他和他的公司合作。

还有一次，美国某州一位政府机构的负责人联系我们，想知道我们是否可以为解决她供职的机构和整个州政府里泛滥的种族主义问题提供帮助。此事的前景让我们很兴奋，因为种族主义和其他形式的偏见正是一种特定的内向思维的表现。转向外向思维，直面"其他人跟我们一样重要"的现实，是任何成功和持久的解决种族主义的办法的核心。糟糕的是，当我们进一步了解这位负责人时发现，她显然已经把她的机构里的及其他相关的人分成了两个阵营——开明的和偏执的，而她，是一个开明的人。她看不到自我反省的必要，只想引入我们作为撬杆，改变所有那些跟她想法不一样的人。这意味着我们将变成冲突中的一方用来打击对手的棋子，而这必将导致全面的失败。我们不得不遗憾地拒绝了这个项目。

关于"组织的思维模式越是内向，思维转变就越应该从顶层领导开始"这点，有一个微妙的可变通之处。较大的组织可能有一个以上的"顶层"。例如，在大型跨国公司，你可以把公司的某个部门视为一个组织。在这种情况下，即使在全公司整体的思维模式严重内向且全球领导者并未参与的情况下，从这个大公司中的一个组织开始转变思维方式也能有所收获。这是因为，庞大组织中的全球领导者离员工和他们的日常工作太遥远，与员工更密切的领导者的真正努力，就足以让员工感到组织正在尝试真正的变化。

说完了上面的这些例子，我们想请你回忆一次你想要某人做出某种改变时的情景。先快后慢的方法是一开始就试图直接纠正，使对方马上停止或改变。根据你自己的经验，这种方法成功过吗？我们猜测，如果你竟然成功过，那么你应该其实已经在开始纠正之前，先用缓慢的方法做了一些比"纠正"本身更深层次的事情，比如努力建立关系——包括花时间倾听和了解这个人，花精力来达到能与其有效沟通，等等。这些事情比纠正本身需要更多的时间（和不懈的投入）。然而，如果你在这些更深层次的事情上投入了时间和精力，当纠正的时机到来时，你的纠正就能迅速且积极地被对方接受。如果没有在这些更深层次的事情上花必要的时间，大多数纠正别人的尝试都会失败：即使对方有变化也会非常缓慢。先慢后快的方法会击败先快后慢的方法。

所以，推动转变思维模式的工作时也一样。人们倾向于低估时机成熟所需的时间，贸然提早出手——例如，在"顶层"的思维模式发生充分且深刻的改变之前，就在组织中迅速向下推行思维模式变革。然而，经验告诉我们，只有在组织中下一级别的人看到了上一级别的实际变化时，才是将思维变革推进到这一级的时机。欲速则不达。"慢"最终会比"快"快得多。

第十五章

移除"特权标识"

　　有太多的领导者在潜意识里认为领导的作用乃是控制（Control）。他们支持柏拉图的"劳动分工"理论。根据社会思想家汉娜·阿伦特（Hannah Arendt）的观点，"劳动分工"理论在过去的几千年中影响了政府和军队的组织结构。她认为，工业革命之后，企业的行动就与君主制政府和军队的行动并无二致，都是分成两个阶段进行：规划和执行。因此，在大多数组织，你都能发现按照阶级划分的两种人："头脑"和"四肢"、劳心者和劳力者、知者和行者、操纵者和被操纵者。相信这种区分的领导者会试图列出组织运作所需的每一功能，明确规定每个下属应该做其中的哪些事，而不让他们以增加对所服务对象的正面影响为标准来自由决定该做哪些事。这样的领导者把员工看成是可编程的物品，而不是人。

　　这是一个自我推动的下降螺旋。当感觉不被重视，不被要求使用创造力和主动性，只被要求执行领导（或父母）的指令时，下属（或孩子）要么机械地完成指令，从不做指令以外的事，要么变得积极抵抗，寻找各种方法绕过该领导（父母）做事。当为一个思维模式内向的、将下属看作没有自己的观察和思考能力的物品的领导工作时，下属们的思维方式往往也会转为内向。而面对内向思维的下属时，原本就有内向思维的领导也常会变得更加内向，花费越来越多的时间和精力让下属做分配的任务。这当然只会激发下属更严重的内向思维，由此引发恶性循环。创造力被扼杀，参与度下降，对工作不再热心投入……

当然，对他人内向思维的反应通常并非出自恶意。感觉到别人抵抗他们的愿景时，简单地加大推力是内向思维模式的领导的自然反应，就好像仅仅通过意志和毅力，他们就可以说服别人按他们的要求行动一样。这些领导并不认为自己在强制他人。相反，他们可能还认为自己是开明的变革者——认真、有条不紊、有说服力地帮助他人认同正确的愿景。

无论是否出于恶意，内向思维的领导者总是认为他人不能或不应该自己思考，因此感到自己是被迫使用"控制"的方式来领导。这种控制可能适得其反，刺激团队成员反对既定计划，争取机会去做他们自己发起的或决心要做的事。或者，如果被"控制"了足够长的时间，团队成员很可能会完全放弃反抗，失去了创造力、创新能力和生命力。

一种刻意区别领导者/被领导者地位的方法是展示所谓的"特权标识"，即只有优越者可以享受的特权的外在表现。如果我们的思维模式是内向的，就不会觉得这种刻意区分有什么问题，甚至认为理所当然。

相反，当我们拥有外向思维模式时，就认识到别人和我们自己一样重要。我们从普拉姆健康护理公司的马克和保罗身上总结出来了最重要的领导特质——谦卑。我们知道，任何让目标人群感到被轻视的行为或政策，都终将成为他们转变思维模式的障碍。这些障碍，是我们先把他们隔在壁垒之外造成的。

有一次，我们前往一个新客户在伦敦的总部大楼进行初次拜访。当我们走进电梯按下八楼的按钮时——八楼是这座楼的顶层——电梯里有个男人说："哦，八楼，嗯？"他的语气中的一丝怨恨使他的话听起来更像："哦，你觉得你是个大人物，嗯？"他的评论让我们立刻意识到，该客户的领导层把自己与其他员工隔离可能已经成为公司的诸多问题的症结之一。后来的事情证明我们判断无误。

在某些情况下，可能出于商业上的考虑，需要保证高管既和公司的其他员工在同一座楼里办公，又要有独立的办公室。但即使这样，高管们为什么需要聚在最好的楼层里呢？为什么不能是中间楼层呢？甚至，为什么不能是地下室呢？那些质疑"特权标识"的领导者，在没有必须维持差异的理由时，愿意在公司内打破自己与其他人的区别，创造出更容易成功转变整个组织思维方式的环境。

在其他场景下也是如此。比如，如果规定孩子进客厅必须要脱鞋，但父亲却可以穿着鞋在客厅里走来走去，这种区别待遇就削弱了他引发孩子向积极的思维模式转变的能力。为什么？因为父亲给自己制定更宽松的规则会传达给孩子这样的信息：父亲认为他比孩子更重要；而这个信息会让孩子对父亲和他的规则产生抵抗甚至愤恨的情绪。家庭中的父母如果和孩子遵守同一套规则，将能更成功地解决和孩子相关的各种问题。当然，父母和孩子之间存在差异——比如各自在家庭内的责任等——所以不能指望他们的行事规则完全相同。工作场所也是如此。CEO与新加入的大学毕业生有不同的责任，所以没有人会期望工作场所中的一切对所有人都完全平等。然而，最小化自己特权的CEO和其他领导者远比那些热爱特权的领导者更能激发员工们的贡献热情。

这是为什么我们在第十二章中讨论过的阿兰·穆拉利能够在波音公司和福特公司做出那些积极改变的主要原因之一。穆拉利在波音和福特被所有级别的员工喜爱，正是因为他粉碎了"特权标识"。他没有把自己当作高人一等的大人物。比如，他不在福特的豪华行政餐厅，而是在公司普通的自助餐厅吃午饭，和所有人一样拿着塑料托盘排队。他对装配线工人的话，就像对BPR会议上高管们的发言一样感兴趣。他从没觉得仅仅因为组织架构图把他画在了顶端，就有必要把他和同事们分隔开来——他也从来没有这样的想法。

正如我们在前一章讨论的，先慢后快的思维模式转变方法要先确保领导层已展现转变之后才开始向组织的其他层级推广。领导者想要展现转变，最好的起始点之一就是开始质疑自己的特权。领导者可以自问：我们需要最好的停车位、最好的办公空间吗？我们是否将自己封闭在某个自助餐厅或办公楼里更好的位置？目前只有少数人享有的特权能向其他人开放吗？哪些"大人物"标识可被移除？等等。

前不久，我们在第一次走进某客户的办公地的五秒钟内就看出谁是"工作者"，谁是"思想者"。"工作者"穿牛仔裤，"思想者"穿西装。这样的差异可能有合理的商业原因。例如，牛仔裤可能是一线工人的适当服装，而客户可能希望在会议中见到穿西装的领导者。然而，如果这个组织的领导团队真的想转变思维模式，明智的选择就是开始质疑各种区别。当他们开始消灭工作场所里现有的区别时，员工会注意并欣赏这种变化，还想知道原因。在这种情况下，领导者自己的改变，就奠定了成功地转变组织的思维模式的基础。

正如本书第三部分（即第十章到第十三章）介绍的，让思维模式由内向外转变的办法，是执行"外部—内部—输出"三步流程。对本章的实施策略而言，该流程可以帮你找到对组织有危害的"特权标识"和可能的解决办法。

首先，你可以从了解"外部"开始，比如了解：作为组织的员工是什么感觉？员工感到被重视吗？被理解吗？他们觉得领导赏识、体恤他们吗？在工作场所，有哪些区别对待让他们不爽以至抓狂？什么让他们感到自己无足轻重以至灰心丧气？等等。

其次，对自己"内部"问题可以是：我们能做些什么让员工感到自己更受重视、更受赏识？我们能做些什么更全面地了解同事的观点和担心的事？我们的组织如何区别对待领导者和其他人？组织中目前存在什么样的"领导标识"？这些标识和区别对待中，哪些是商业上需要的，哪些不是？我们能做什么来消除组织中领导与其他人之间的区别？等等。

最后，在"输出"步骤，你作为领导者可以考虑以下这样的问题：我们能做些什么来保持与员工的全面接触？我们能做些什么来确保反馈通道对组织里所有级别成员畅通并对收到的反馈和建议保持开放的心态？我们如何持续地监督自己，确保不让不必要的区别把我们和员工分隔开来？等等。

理查德·谢里丹（Richard Sheridan）和他的软件设计公司门罗创新（Menlo Innovations）的同事们就是一个上佳的例子。他们思考了上述三种类型的问题，并采取行动，消除了同事之间的区别。理查德在他的书《快乐公司》（*Joy, Inc.*）中描述了这些努力。门罗的所有员工，包括理查德，都在同一个开放空间中工作。每个人的办公桌都是一样的。他们也在这个空间中举行小组和大组会议，每个人都可以来听，来学习并参与。"在大多数公司，"理查德解释说，"客户被领着走过两边布满格子间的过道，来到封闭的会议室。各种重大决定也都是在这样的会议室里私下做出的。这些封闭式会议室发出强有力的信息：如果你没能站在这扇门的里面，你就没有资格参加讨论。它等于是在说：'你不如我重要。'"[1]

"有些人可能想知道，"理查德说，"在一个开放、无规则的空间里，CEO坐在哪里？大多数公司把独立办公室作为礼物送给

---

[1] 理查德·谢里丹（Richard Sheridan），《快乐公司》（*Joy Inc.*），企鹅出版集团（Portfolio/Penguin）2013年英文版，第43页。

高管，当作他们的地位标识。但我们的高管办公室并不是两面靠窗的独立房间；它就是大空间中的一张桌子和一台旧的白色苹果电脑，值得注意的是，它可能是整个公司里最慢的电脑。这就是我——CEO——的办公地。"

他补充说："我坐在大空间的中间，是因为这是团队让我坐的地方。有时，团队认为我需要更多地听听某个特别有挑战性的项目的细节，他们就会把我的桌子移动到那个项目组的办公区。每隔几个月，我都必须调整我的行走路径，去适应新的办公位置。"①

理查德和他的团队甚至摧毁了整个公司的外部标识。如果你想访问门罗，你得在密歇根州安娜堡市的华盛顿街和自由街之间的一个停车场里泊车，然后乘电梯来到地下室。在那里的一个没有窗户、曾经是停车库的地下室，找到这个非常成功的、"不许有大佬"的公司。

当领导开始认真地对待"别太把自己当回事"这件事，并开始收缩自己和他人之间的区别时，可以说他们已经做好了在组织里推广思维模式转变的准备。

---

① 《快乐公司》（*Joy Inc.*，英文版），第42页。

第十六章

匹配个人与组织的思维模式

下图是第十章中提到的个人视角的外向思维模式在工作中的
运作方式图。

个人视角的外向思维模式运作方式图

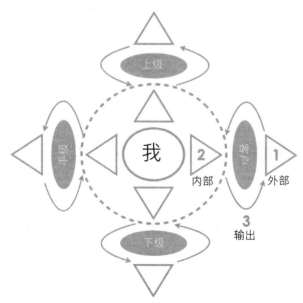

　　由于个人的外向思维模式在工作中的四个基本方向与企业的外向思维模式的四个基本方向可以完全对应，个人的外向思维可以在组织中轻松扩展。下图是从企业角度出发的外向思维模式运作方式图，四面的是企业的外向思维模式发挥作用的基本方向。

企业视角的外向思维模式运作方式图

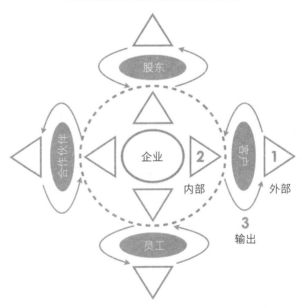

　　这两张图的对应关系显而易见：作为个体的员工和作为整体的企业都有客户。他们都有自己的汇报对象——例如，员工向上级经理，企业向股东或其他利益相关人报告。他们也都有平级或合作伙伴（企业的合作伙伴包括供应商）。组织中的经理有向他们报告的下属，就像企业有全体员工一样。

因为无论在个人、团队还是企业层面，外向思维的运作方式都是一样的，所以组织的各个团队都可以作为一个整体，用"外部—内部—输出"的方式工作。为了推动思维模式的转变，组织的领导者要在企业层面反思组织的角色，就像组织中的每个员工要反思他们在工作中的个人角色一样。组织的领导者和个体员工都可以利用第三部分（第十到十三章）介绍的"外部—内部—输出"三步流程审视四个工作角色中的每一个。

想要让组织上下都认识到这一点，一个好办法就是让组织中的每个人、每个团队、每个部门乃至整个企业，都去构建自己的外向思维模式运作方式图。在团队层面，组织中的每个人和每个团队都很清楚他们对谁负责，并承诺投入工作——也就是在他们的内部三角形里努力——并把这种努力的结果引出到他们负责对象的外部三角形，帮助对方成功。在部门层面，每个人、每个团队和整个部门都采用这种"外部—内部—输出"的方式运作。当整个企业中的所有个人和所有层级的团队都接受了这种运作方式，整个组织就会被动员起来，实现最大的外部三角影响。

这时，你就可以站在整个组织的高度，观察在哪个基本方向上的个人和团队的三角形指向内部，这样你就知道该在哪里投入更多的时间和注意力。你可以帮助组织中的每个人在每个基本方向上自我管理、自我负责。如果你的组织能在这个程度上利用外向思维，想想吧，它会拥有怎样的生产力！

值得注意的是，思维模式的转变不仅仅是，甚至不是主要是心理上或动机上的转变，而是要落实到实践中。一个人从用内向思维转为用外向思维模式工作，会重新思考自己在工作中的四个基本方向上的责任，然后以外向思维来工作，使自己不仅为自己的行为负责，也为这些行为对他人的影响负责。整个组织的思维模式转变，不仅仅是信念或态度的改变，更是组织中的人如何看待、理解以及履行责任的方式的转变。

我们用"组织"一词时，不仅仅指公司，还可以指家庭和社区。当组织中的个人和各级团队都运用外向思维模式，致力于帮助彼此成功时，这个组织就可以完成其他组织不能理解、遑论实现的事情。

第十七章

在组织体系和流程中应用
"外部—内部—输出"战略

往往，当员工开始转向外向思维，变得关注他人的需求和目标时，会发现自己所在组织的政策、体系和流程似乎都在阻碍和对抗自己的努力。

对组织体系和流程的最基础的认识，是对这些体系和流程管理对象的认识。如果认为政策和流程的目的是使管理人员能够控制如果没有这些政策和流程就不能被控制的下属，激励和驱动如若不然就不会有动力工作的人，指导被认为不能自我管理的人，则这些政策和流程终将激发内向思维模式。为什么？这些政策和流程可以精确管理物品，但人们会抵制，因为他们又不是物品。

让我们来看一个使用标准的钟形曲线业绩评估体系激励员工的例子吧。有个大型的个人电脑公司的产品安全团队分散在许多国家。团队经理已经看到团队成员发展出外向思维模式的迹象：尽管地理上的距离导致缺乏重要的当面互动，但团队成员已经开始自行调整工作，照顾同事的需要，一起向在世界各地的内部客户提供服务。然而，随着年底临近，这位领导注意到团队成员开始回到老一套的内向思维。他们不再共享信息，也停止了合作。他们也开始以自我为导向安排工作，尽管这会给团队里的其他成员制造困难。他不明白这是怎么了。

在沮丧中，他随机给从日本到约翰内斯堡的一些团队成员打了电话，询问为什么他们不再采用外向思维。一些人防御性地责怪同事，为他们自己内向思维的行为找借口（比如"当团队里的其他人不再支持我的时候，怎么能指望我替他们操心？"），其他人则逃避问题，否认有任何变化。最终，一个团队成员告诉了他真相。"你不知道吗？"这个人反问，"年底了，马上就要进行业绩评估了。只有在钟形曲线上排名在前15%的人能获得奖金，而末位的10%将被解雇。你认为在这种情况下我们还能做什么别的事情？"

尽管这样的体系几乎会不可抗拒地引起思维模式转为内向，但把员工看作物品的公司看不见可行的替代方案。钟形曲线仅评估团队成员相对于彼此的业绩，不评价团队成员的实际生产力和成果。若以对他人的正面影响来评价业绩的话，可能有超过10%的员工需要离开，但也许团队的每一个成员都应该留下。但若要使用这类业绩评估体系取代钟形曲线，组织就得真正允许领导者和经理去领导和发展员工。想象一下，在一个组织里，领导者们需要思考，并对下属团队的整体业绩负责……

哇，那多危险呀！类似钟形曲线的体系假设领导者们一旦离开强制员工机械式执行流程的政策，就不能负责任地领导，而使用这个体系，至少能摆脱末流员工，激励剩下的人去竞争只提供给顶级员工的奖励。

然而，一个假设领导者没有真正管理能力的业绩评估和激励体系，必然同时也假设管理者要管理、发展、奖励和劝退的员工是物品而不是人。这被称为"故意制造的张力"。这种体系的工作方式是愤世嫉俗且反常的。正是这种体系本身，催生了内向思维行为。也就是说，这个体系解决了它制造出来的问题，并以此证明自己存在的必要性。

在旧金山传奇的费尔蒙酒店（Fairmont Hotel）别具一格的顶层套房里，每年都会发生一件很有意思的事情。每年，普拉姆健康护理公司的总部领导、各个护理机构的管理人员以及诊所负责人都会聚集在此举行年度规划会议。护理机构和诊所的主管们会提交其团队在这一年里的财务数据和治疗成果，并提出来年的计划和预算。普拉姆经常性的收购活动意味着每年都有一些新主管出席会议。而这些新主管都被鼓励要让团队成员——将在日常工作中执行计划的人——充分参与规划过程，也获得了相应的工具支持。

尽管受到鼓励，但那些来自其他组织、最近才加入普拉姆的主管仍然认为自己熟知这种"预算游戏"的规则。按以往的经验——往往来自不止一家的同行业公司，新主管会认为"预算游戏"无非是这样的：你会准备好财务计划，但心里很明白，这个计划一定会被领导"调整"。领导会调高预期收入，降低预期费用。某人准备的预算不可能就是他或她要为之负责的最终预算。而对某人业绩的评价，也是看他或她实现"调整"后的预算的能力。

　　既然游戏规则是这样的，普拉姆机构的新主管就会认为邀请机构里的工作人员参与预算规划过程是没有意义的。他们能贡献的任何东西都终将被丢弃，这将削弱他们对主管作为领导者的信任。所以这些新主管的年度规划过程通常是孤独的：他们把自己关在办公室里，埋头考虑机构中的每个人有能力完成的事，然后逆向调整数字，好让领导"调整"之后的结果依然可行。

　　之后，新主管会花费很长时间写出头头是道的理由，说明为什么逆向调整后的计划就是该机构能达到的最优结果，希望以此影响"调整"的幅度，让最终计划的数字落在实际预测的范围之内。

　　把这种过程叫作"预算游戏"，不是非常贴切吗？

　　可是，为什么傻得可笑的走过场竟在组织内如此常见呢？钟形曲线业绩评估、员工激励体系和预算游戏如此常见，正是因为创造出它们的内向思维模式非常常见。即使在一致努力希望以外向的思维模式工作的公司中，领导者也经常偷懒采取所谓标准的经营方式，认为它们是久经考验的智慧，从来不质疑这些流行的体系和流程背后的依据。

　　然而，像普拉姆健康护理公司这样外向思维的组织就不会不加思考地接受所谓"久经考验的智慧"。在普拉姆，预算和规划是运用外向思维仔细思考制定的。结果怎么样？当然不存在"预算游戏"。某人负责创建的计划就将是他或她自己负责执行的计划。所以，每年在旧金山都会发生独特的现象：新主管站起来演示他们的计划，总部领导、其他机构的管理人员和诊所负责人都参与进来，提出问题并获得答案。

在新主管演示其计划——试图看起来直截了当，但实际上与直截了当背道而驰——的过程中，他们会渐渐地意识到，外界关于普拉姆的传言可能并不是传言。没有人会动手"调整"他们的计划。计划可能会被质疑和审查，但它是他们的计划，他们对这个计划有最终的决定权。几乎毫无例外地，在演示过程中，新主管会停下来说道："对不起。我之前没有意识到我准备的就是我们实际上要执行的计划。其实我并没有让团队里的其他成员参与规划。我们能做的比这版计划里写的更多。能给我一点时间，让我去和团队成员协商一下，重新提交更符合实际的计划吗？"毫无例外，新计划都明显比之前的计划更有野心。更重要的是，团队通常能完成或超额完成计划。为什么？因为那是他们的计划。

下图代表了两个组织。它们具有相同的、在各类组织里普遍存在的一般体系和流程——从财务汇报流程到市场营销计划和销售手段，再到业绩评估体系等。

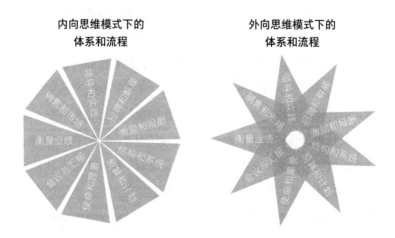

左侧的组织中的这些体系和流程由指向内部的三角形表示，因为它们是在假设员工是物品的情况下设计和执行的。不出意外的话，内向思维的体系和流程会在整个组织中唤起和强化内向思维。

另一方面，右侧组织中的体系和流程是建立在构成组织的是人而不是物品的假设之上。员工有大脑会思考。他们可以做计划，也可以执行，他们可以创新，也有能力和意愿互相帮助和负责，他们想要一起达成和创造令人兴奋的成果……因此，这些体系和流程由指向外部的三角形表示。它们强化外向思维模式，激发并帮助整个组织保持外向思维。

根据我们的经验，能成功领导思维转变的组织有一个重要特征，那就是愿意重新思考组织的体系和流程，以便以外向思维模式构建或重建它们。如果一个组织告诉员工要以外向思维运作，却坚持用基于内向思维制定的体系和流程管理，那么内向的体系和流程终将获胜，而员工、组织、客户和其他利益相关者终将承受损失。

以内向思维运作的组织的领导者会对他们在以外向思维运作的组织中看到的东西感到困惑。就像第二章里提到过的私募股权公司的合伙人，他们放弃了投资普拉姆健康护理公司的机会，因为普拉姆的运作方式用内向思维看来完全不可理喻。可以想象，要在他们的组织里实施他们认为"不可理喻"的东西会有多么困难。这是外向思维能成为组织竞争优势的原因之一：不愿意采用外向思维模式的组织无法复制基于向外思维模式运作的体系、流程和待人方法。

当一个组织拥有了强大的外向思维时，情况会是这样：竞争对手看到它们令人羡慕的成果，也看到或以其他方式了解到它们的体系和流程是如何运作的。但是，由于没有外向思维模式，对手将无法或不愿意采用已被证明能带来成功的体系和流程。用内向思维模式看，使用旨在赋权给"人"的体系和流程来管理"物品"似乎太冒险了。

第十八章

前　路

多年前，我们在与一家大型制造企业的员工研讨会上指出，虽然一个人转变为外向思维不"必然"使其他人以同样的方式回应，却会"邀请"其他人这样做。

一些人发言表示赞同，大意是一个人的思维模式的改变，经常最终能够获得他人同样的变化。但小组中有一个人非常不同意这种观点。"这不是真的，"他争辩道，"我几乎在所有的时间里都在用外向思维，但并没什么用！"当他说出这句话时，脖子上的青筋暴起。人们低声暗笑，因为他的反应是如此讽刺。但无论他在这一刻是用内向还是外向思维，他确实提出了一个重要的问题。

这时，后排的一个女人举起手。她在此之前还没有在小组里说过话。"我能讲个故事吗？"她问。

"当然，请讲。"我们回答。

"许多年前，"她说道，"我的兄弟犯了可怕的罪行，使我的家人在报纸的头版上出现了几个月。这场磨难摧毁了我们的声誉，撕裂了我们的家庭。我无法描述我们经历的混乱和痛苦如何毁了我们。我们一个接一个地离开家乡，以便从耻辱中走出来，努力建立新生活。随着时间推移，每隔一阵子我们会聚上几天以维系家庭关系。但我们正在塑造的新的关系，部分是靠集体把那个兄弟开除出家族实现的。

"几十年后，这个哥哥终于被释放了。时间已经足够长到我们几乎完全把他从意识中清除出去了。然而，他突然回来了。不久以后，我们碰巧安排了一个家庭聚会，他也出现了。我们和他谈了些无关紧要的话，但每一个字都带着压力和不适。怎么可能没有？"她说，"我们仍然认为他毁了我们。"

短暂停顿后，她继续说道："在第一天午餐中的某个时候，这个哥哥悄悄溜走了。到了晚上，我们开始猜测他应该不会回来了。老实说，我们松了一口气：我们不再需要强迫自己与他对话。我们可以放松下来，享受和彼此的关系。我们终于可以回到我们好不容易重塑起来的家庭。

然而，当夜色渐深，我突然意识到，我们离再次失去这个兄弟——也是他再次失去我们——有多近；而如果这一次再彼此失去，很可能就意味着永别。在那一刻我知道自己不能允许这种事发生。这并不意味着我不再生气或不再厌恶他。我和其他家庭成员一样在亲情和厌恶之间感到矛盾。但这意味着我知道我不能让他走。在那一刻我决定和他维系家庭关系，每月寄一封信给他。这是一件小事，也是一件我可以做到的事。"

"那是7年前，"她说，"从那时起，我每个月都给他写信。但你们知道吗？我至今还没有收到过他的回信。"

当她这么说时，听到房间里有人倒吸了一口气。"不，那没关系，"她回应道，"因为我不是为我而做，我是为他而做。"

我们没有她的联系方式，所以我们也不知道她和哥哥之间的关系是否有进展。然而，她的故事很有启发性。

有时，使用外向思维很容易。当我们身处彼此关心的人之中，用外向的思维模式回应是很自然、很容易的。例如，我们工作上的团队可能都是些有活力和乐于助人的人，我们可能幸运地生活在一个充满了仁慈和慷慨灵魂的家庭里。在这种情况下，很容易就能使用外向思维。为什么？因为我们能感到周围的人给予我们的考虑和关怀，因此我们就会觉得没有必要防御他们，我们通常会自然地回应以关心。用第十一章中引用过的布伦达·乌兰的话来说，我们发现在这些人面前"舒展自我"。这说明一个人的外向思维能在他人中引出同样的思维模式。

不幸的是，相同的原理反过来也成立。当我们与一个内向思维的人互动时，我们可能会觉得他们没有考虑我们的意见，因此被触怒。我们以牙还牙地愤怒回击，不仅伤害了对方，更使自己落入内向思维的陷阱——我们会在此停留也许一分钟，也许一天，甚至也许一生。我们可能会因此蜷缩起来，远离这个人，甚至远离所有人。所以说，内向思维会激起内向思维。

几年前，密歇根大学的一位博士生找到我们。他正在研究为什么人们之间冲突的火花有些最终变成火灾，而有些却不会。这是一个重要而有趣的问题。但一个更重要甚至更有趣的问题是：

为什么会出现冲突的火花？以我们刚才分享的情况为例，为什么有些人在困难的情况下会被激怒并采取内向思维的方式回应，而有些人却不会？

比如说，纳尔逊·曼德拉（Nelson Mandela）为何能够在27年的监禁生涯结束之后，显示出如此伟大的慈悲和谅解？当他被囚禁在罗本（Robben）岛监狱，以地板为床，以木桶为厕，每年只允许一次通信和30分钟的探访时，他如何影响守卫，让他们显著改善监狱条件？而27年后，当他终于走出监狱时，他为何竟然还能赏识并关心让他惨遭囚禁的人——正是这种体谅和理解，最终使他能够改变一个国家，同时赢得以前的政敌的尊重。

他原本多么容易滑入相反的方向——以眼还眼、以牙还牙的、以内向思维对抗内向思维？这当然是完全可以理解的。然而，如果是那样，他就不能改造和团结起一国人民了。

曼德拉是一个有趣的研究对象，因为他表现出的并不是简单和自然的外向思维，而是在地狱一般的监狱中刻意地使用外向思维。他追随着外向思维的"外部—内部—输出"的行动方式。

从关注监禁他的人的外部三角开始，曼德拉与其他想要推翻南非种族隔离的白人政府的人采取了不同的、独特的立场。曼德拉认为南非白人不是殖民主义者，而是跟自己一样的非洲人，用他的话说，他们都"生长于斯"。"无论解决政治问题的办法是什么，"他认为，"都将有南非白人的参与。"他的内心深信，种族隔离是不道德的和腐败的，但他并不致力于用暴力推翻它，他在狱中多年生成的信念认为，"消灭种族隔离的方式是说服白人自己消灭它"。① 这就是说，他把南非白人看作是人。他相信他们有能力和意愿看到种族隔离中不道德的情况，正如他自己看到的。但为了帮助他们看到这一点，他不得不去了解他希望说服的人，这让他回到了自己的内部三角中去努力。

在监狱里，他开始学习南非白人的语言以及他们的历史。他把和狱警的交流当作练习和学习的机会。罗本岛上的一个黑人囚犯斐济莱·巴姆（Fikile Bam）说，曼德拉"对用南非荷兰语问候，以及与狱警用南非荷兰语对话这些做法，绝对没有任何不安。其他囚犯出于各种顾虑不去学习，但曼德拉并不这样。他想了解南非白人"。② 这也意味着他投入了大量时间研究白人的历史。

约翰·卡林（John Carlin）写道："这一切的关键是'尊重，普通的尊重'，他不想粉碎他的敌人。他不想羞辱他们。他不想用同样的苦难报复他们。他只是希望得到毫无虚饰、普通的尊重。这也正是那些粗鲁的、缺乏教养的、管辖监狱的白人希望的。曼德拉从一开始就努力给他们这些，无论他们把他搞得多么像在地狱中。"③

在曼德拉被监禁在罗本岛的两个月后，他的律师乔治·比佐斯（George Bizos，南非白人）第一次访问了他。"从比佐斯看见他的客户的第一刻起，"卡林写道，"他就发现，曼德拉的行事风

---

① 约翰·卡林（John Carlin），《打不倒的勇者》（*Playing the Enemy*），英文版），第17页。

② 同上，第27页。

③ 同上，第28页。

格与典型的囚犯不同。当他从囚车出来时，是他，而不是守卫，引导了行走的速度。比佐斯穿过前面的两个卫兵，拥抱了他的客户，这让卫兵疑惑，谁也从来没想过一个白人会拥抱一个黑人。他们俩简短地聊天，曼德拉问候起他的老朋友和家人，但突然停了下来，说道：'乔治，我很抱歉，我还没有把你介绍给我的仪仗队。'曼德拉向比佐斯介绍了每个守卫。守卫们如此吃惊，以至于多年以后，比佐斯回忆到：'他们的行为就像真的仪仗队员一样，每个人都礼貌地握我的手。'"[①] 这只是曼德拉的无数故事中的一个。他考虑了政敌的外部三角形的观点、需要、目标和挑战，并因此改变自己的行为。

曼德拉的这种行为产生了积极的影响。事实上，它最终产生了全球性的影响。

许多人都熟悉曼德拉如何出狱并当选南非总统后，出面支持了作为种族隔离的象征的白人运动队 —— 被称为跳羚的国家橄榄球队。队长弗朗索瓦·皮纳尔（Francois Pienaar）在谈及他第一次见到曼德拉总统的情景时说："在他身边，你不仅仅感到舒适。与他在一起，你会感觉安全。"[②]

人们与我们在一起时，会感到有多安全？我们的同事？我们的员工？我们的孩子？我们的合作伙伴？我们的兄弟姐妹？我们的邻居？我们的对手？我们的敌人？

有多安全？

---

① 《打不倒的勇者》（*Playing the Enemy*，英文版），第29页。
② 同上，第162页。

如果你仔细观察，就会看到自己的思维模式反映在周围人的面孔和行动中。为什么？因为别人对我们的思维模式的反应比对我们的言语或行动的反应更准确。他们根据我们对他们的看法回应我们。因此，观察他人的反应就等于向自己投去一瞥。

那么，观察一下四周吧。

在工作中，在家里——你看到了什么？

你又将如何回应你的所见？

为了你自己，为了你的家庭，为了你的组织，为了全世界，我们希望你能感觉到那种渴望——让我们去晃动更多的婴儿奶瓶吧！

© 民主与建设出版社，2022

图书在版编目（CIP）数据

跳出自我的盒子：用外向思维打造恰到好处的人际
关系 / 美国亚宾泽协会著；李启蕴译 . -- 北京
:民主与建设出版社，2022.2
 书名原文：The Outward Mindset: How Seeing Beyond Ourselves Changes Lives and Transforms Organizations
 ISBN 978-7-5139-3763-4

 Ⅰ . ①跳… Ⅱ . ①美… ②李… Ⅲ . ①人际关系学
Ⅳ . ① C912.11

中国版本图书馆 CIP 数据核字 (2022) 第 039552 号

The Outward Mindset: Seeing Beyond Ourselves
by The Arbinger Institute
Copyright © 2019 by The Arbinger Institute
Copyright licensed by Berrett-Koehler Publishers
arranged with Andrew Nurnberg Associates International Limited
First published by Berrett-Koehler Publishers, Inc.,
Oakland, CA, USA. All Rights Reserved.

Simplified Chinese edition copyright © 2022 Ginkgo (Shanghai) Book Co., Ltd. All rights reserved.
中文简体版权归属于银杏树下（上海）图书有限责任公司。
北京市版权局著作权合同登记 图字：01-2022-2140

跳出自我的盒子：用外向思维打造恰到好处的人际关系
TIAO CHU ZIWO DE HEZI YONG WAIXIANGSIWEI DAZAO QIADAOHAOCHU
DE RENJIGUANXI

著 者	美国亚宾泽协会	译 者	李启蕴
出版统筹	吴兴元	责任编辑	王 颂
特约编辑	王晓辉	营销推广	ONEBOOK
封面设计	墨白空间·黄怡祯		
出版发行	民主与建设出版社有限责任公司		
电 话	（010）59417747 59419778		
社 址	北京市海淀区西三环中路 10 号望海楼 E 座 7 层		
邮 编	100142		
印 刷	文畅阁印刷有限公司		
版 次	2022 年 6 月第 1 版		
印 次	2022 年 6 月第 1 次印刷		
开 本	889 毫米 ×1194 毫米 1/32		
印 张	5.25		
字 数	102 千字		
书 号	ISBN 978-7-5139-3763-4		
定 价	48.00 元		

注：如有印、装质量问题，请与出版社联系。